Uli Marienfeld

Offene Türen

Vom gelingenden Leben
im schulischen Alltag

HERDER

FREIBURG · BASEL · WIEN

© Verlag Herder GmbH, Freiburg im Breisgau 2020
Alle Rechte vorbehalten
www.herder.de

Umschlaggestaltung: Verlag Herder
Umschlagmotiv: Sara Marienfeld, Halle an der Saale
Alle Fotografien im Innenteil: © privat
Satz: ZeroSoft, Timisoara
Herstellung: GGP Media GmbH, Pößneck

Printed in Germany

ISBN Print 978-3-451-38774-6
ISBN E-Book 978-3-451-82196-7

Inhaltsverzeichnis

Anyone who does not believe in miracles,
is not a realist.

David Ben-Gurion

Vom gelingenden Leben im schulischen Alltag

André Heller hat seine Heimat einmal als das „Land der un-
begrenzten Unmöglichkeiten" charakterisiert. Manches spricht
dafür, über die deutsche Bildungslandschaft Ähnliches zu sagen.
Allein die Tatsache, dass in sechzehn deutschen Bundesländern
alle vier oder fünf Jahre vor Wahlen eine Veränderung verkündet
wird, die nur selten inhaltlich solide vorbereitet oder nachhaltig
angelegt ist, könnte einen in den Sarkasmus treiben. Ich habe
mich für eine andere Perspektive entschieden. „Die beste Kritik am Schlechten ist die Praxis des Besseren", hat Richard Rohr
einmal formuliert.[1] Bei allen Defiziten, die ich in den Systemen
verschiedener Bundesländer wie auch in der Praxis einzelner
Schulen und meinem eigenen Tun erlebte, konnte ich doch immer auch offene Türen sehen. Bildung kann auch trotz Fehlern
im System gelingen. Ich habe mich als Lehrer und Schulleiter
darum bemüht, anderen solche Türen zu öffnen. DIE ZEIT hatte
2002 eine Serie „Schulmeister – Autoren preisen ihre Lehrer",
in der sich Redakteure positiv an Persönlichkeiten erinnerten,
denen sie in ihrer Schullaufbahn begegnet waren.[2] Es waren
ganz sicher keine fehlerfreien Menschen, sondern oft kantige
Pädagog*innen. Aber jede*r von ihnen hat in dem bestehenden
System Türen geöffnet, war ein Beispiel dafür, an das man sich
offensichtlich noch nach Jahrzehnten erinnerte. Einzelne haben

---

[1] Richard Rohr, Ins Herz geschrieben. Freiburg i. Br. 2010, S. 220.
[2] Beispielsweise: Matthias Nass, Revolution in Diepholz vom 31. Oktober
     2002. https://www.zeit.de/2002/45/200245_c-lehrer-zeeb.xml

etwas möglich gemacht. „Autoren preisen ihre Lehrer" ist eine der wenigen mir bekannten Ausnahmen, bei denen nicht die Schwächen des Systems kritisiert, sondern die Stärken des Einzelnen gelobt wurden.

In diesem Buch werde ich beispielhafte einzelne Anekdoten erzählen. An diesen sollen Leitlinien sichtbar werden, wie eine Schulkultur der Zukunft entwickelt werden kann. Es sind Erlebnisse aus mehr als 50 Jahren persönlicher Erfahrung als Schüler, Student, Referendar, Lehrer und Schulleiter. Diese Geschichten sollen Mut machen, einen Ethos zu entwickeln, in dem sich Möglichkeiten des Gestaltens entfalten können.

Anfangs werde ich davon schreiben,

- wie mir selbst Türen geöffnet wurden. (Kapitel 1)
- Danach beschreibe ich, wie man Schüler*innen Türen öffnen kann. (Kapitel 2)
- Ich gehe auf die Chancen gemeinsamer Reisen ein. (Kapitel 3)
- Und ich skizziere Ideen, wie man Kolleg*innen Raum geben kann. (Kapitel 4)
- Abschließen werde ich mit einigen Gedanken, welche Veränderungen wir als Pädagog*innen in uns selbst zulassen können. (Kapitel 5)

Schule ist ein schöner Ort, an dem Leben gelingen kann.

Uli Marienfeld

Offene Türen

Die Verwaltungsräume meiner Gießener Schule lagen im Souterrain. Auf beiden Seiten des fensterlosen Innenflurs lagen die Büros, sodass dort auch mitten am Tag die Beleuchtung eingeschaltet war. Als ich bereits wenige Tage nach dem Tod meiner Frau im Frühling 2003 wieder in die Schule kam, begrüßte mich ein Kollege mit den Worten:

„Schön, dass Du wieder hier bist. Jetzt fällt wieder Licht in den Flur, weil Deine Tür offen ist."

Wenige Jahre später arbeitete ich in Düsseldorf in einem lichtdurchfluteten Neubau. Mein Büro war zum Innenhof verglast. Es lag zwischen dem Sekretariat – genauer gesagt der Teeküche – und dem Andachtsraum. Die Türen dorthin standen in der Regel ebenso offen wie die zum Flur. Als ich mit dem Licht-Künstler Mischa Kuball dort saß, meinte er:

„Uli, weißt Du, wie schön es ist, dass bei Dir alle Türen offen sind. Es gibt so viele Direktionszimmer, die Sackgassen sind."

Vor wenigen Jahren hatte ich in Berlin ein Gespräch mit einem älteren Kollegen, der sich in vielem nicht verstanden gefühlt hatte. Irgendwann meinte er:

„Ich habe inzwischen viele Schulleitungen gesehen. Es gibt Türen, die sind ständig geschlossen. Wie gut, dass Deine immer offen ist."

Rückblickend auf die eigene Schulzeit, das Studium in Tübingen, Graz, Cortland (USA), Braunschweig sowie später an der Sporthochschule Köln, das Referendariat in Braunschweig, meine Tätigkeiten an Schulen in Gießen, Düsseldorf und Berlin, scheint mir das Bild der offenen Tür passend dafür, wie ich die Welt gesehen habe, aber auch, wie ich versuchte, sie zu gestalten. Es war und bliebt ein Denken in Möglichkeiten. Ich wollte offene Türen sehen, wollte mutig durch sie neue Räume betreten. Es ging mir – und es geht mir bis heute – darum, eine Kultur zu kreieren, in der Entfaltungsmöglichkeiten für andere geschaffen werden – anfangs vor allem für Schüler*innen, später als Oberstufen- und Schulleiter zunehmend auch für Kolleg*innen bzw. für Schulen insgesamt. Manches mag sich in den letzten Jahrzehnten an unseren Schulen verändert haben, aber eine offene, zuversichtliche Perspektive war früher ebenso nützlich wie heute. Die Hattie-Studie[1] hat die Bedeutung der Persönlichkeit der Lehrenden wissenschaftlich fundiert erneut unterstrichen. Mit meinen Geschichten aus der Schule blicke ich dankbar zurück. Ich möchte Mut machen, mit Leidenschaft Lehrer*in zu sein. Es ist meine Überzeugung, dass man in diesem Beruf nicht automatisch krankheitshalber frühpensioniert werden muss. Man kann über Jahrzehnte junge Menschen begleiten, von und mit ihnen lernen sowie dabei die Welt entdecken und mitgestalten. Es ist eine wunderbare Möglichkeit, Verantwortung zu übernehmen sowie das Leben in seiner Vielfalt in Gemeinschaft zu

---

[1] John Hattie, Visible Learning, New York, 2009

genießen. Der Soziologe Hartmut Rosa spricht von „Resonanz",[2] einer lebendigen Begegnung, die etwas zum Schwingen bringt. Er verweist in einem weiteren Buch darauf, dass das Eigentliche „unverfügbar"[3] bleibt. Es geht also nicht darum, allgemeingültige Muster zu entwickeln, die dann irgendwo kopiert werden können. Es geht um den Resonanzraum Schule. Es geht um verantwortliches kreatives Gestalten in Situationen. Ich schreibe von meinem persönlichen Erleben. Vielleicht ermutigen diese Berichte einige – junge wie ältere – Kolleg*innen, eigene mutige Erfahrungen zu machen.

Neben meinen eigenen Erinnerungen habe ich ehemalige Schüler*innen und Kolleg*innen gebeten, aus ihrer Perspektive einige Aspekte beizutragen. Viele haben sich Zeit genommen, Persönliches von sich mitzuteilen. Es ist ein großes Geschenk, mit diesen Menschen auch nach Jahren verbunden zu sein. Ihre Sichtweisen ergänzen das Bild. Ihre Gedanken verdeutlichen auch, dass es nicht um Fehlerlosigkeit oder Perfektion geht. Die Grundmuster unseres Handelns bleiben nicht unbemerkt. Oft sind es die kleinen, kaum beachteten Dinge, die wohltuend, ermutigend und horizonterweiternd wirken.

Die Wegbegleiter*innen hatten keine inhaltlichen Vorgaben. Ihre Beiträge sind jeweils dort eingefügt, wo es mir passend schien. Sie sind jeweils kursiv gedruckt und grau hinterlegt. Ich bin sehr dankbar für diese Gedanken.

---

[2] Hartmut Rosa, Resonanz, Berlin, 2016
[3] Hartmut Rosa, Unverfügbarkeit, Wien/Salzburg, 2018

„eat the meat – spit out the bones"

Ulli Falk, Kollege 2004–2016

In jeder Rückschau lauert die Gefahr, mit verklärtem Blick und mit der unbewussten Neigung der Rechtfertigung das Bild der Ereignisse doch möglichst sanft zu zeichnen. Das galt schon früher und gilt heute in vielleicht noch deutlicherem Maße – jede Instagram Story als ein augmentierter Rückblick auf eine allzu wünschenswerte Welt. Wie Pippi Langstrumpf machen wir die Welt (und unsere Vergangenheit), wie sie uns gefällt. Wir überspitzen, lassen aus, bewerten gnädig oder streng. Wir dekonstruieren und erfinden unsere eigene Narration. In der Hoffnung, dass die eigene Bewertung das öffentliche Bild belegt und prägt.

Wie anders viele der Personen, die uns in den Büchern der Bibel begegnen. Keiner käme auf die Idee, bei Jakob, dem Betrüger, einen Gebrauchtwagen zu kaufen. So klar und scharf wird dort nicht nur sein Charakter umrissen, so einfach und lebendig werden auch die Umstände umschrieben, auf deren Hintergrund ein größerer Plan erkennbar wird. Wie bei dem Dichterkönig David. Er tritt uns eben nicht als der fehlerlose Held, sondern als runder Charakter entgegen: mit Brüchen in der Biografie, gebrochen an eigenen Ansprüchen, als denkbar unperfekter Sohn und unperfekter Vater, als unperfekter Ehemann und Vorgesetzter. Beste Gesellschaft in der wir – Uli und Ulli – uns befanden und befinden. In diesem Sinne bitte ich auch diesen Rückblick zu lesen. Zu lesen als Ereignisse, die in der Rückschau sicherlich gefärbt und zu unserer eigenen Narration geworden sind und mittlerweile für ihn und mich eine eigene Bedeutung entfalten. Im Februar 2016 trennten sich unsere gemeinsamen Wege und ich will versuchen, mei-

16

nen Freund und die gemeinsame Zeit der Schulleitung und Schulentwicklung zu umschreiben.

Unsere Wege haben sich im wahrsten Sinne des Wortes in Düsseldorf gekreuzt. Ulis Weg, die Oberstufe der Gesamtschule an der Fürstenberger Straße zu entwickeln, lief zunächst parallel zu meinem Weg, der taufrischen Gründung des Gymnasiums mit zwei winzigen fünften Klassen: kaum Berührungspunkte, kaum gemeinsame Zeiten, Kollegen und Themen. Sein Job war aus meiner Perspektive der Neugründung eine beneidenswerte Aufgabe: zum ersten Mal ein Abiturjahrgang, die Oberstufe mit neuen Ideen infizieren, Begeisterung säen, Kollegen inspirieren – und all das mit Ressourcen an erfahrenem Personal. Was wir machten, war zwar unterschiedlich, unsere Herangehensweise war dagegen sehr ähnlich: no nonsense, eat the meat – spit out the bones. Ein hohes Maß an Ambiguitätstoleranz: ohne alles schon zu haben oder das Terrain genau zu kennen, mutig sich auf Neues einlassen. Im Rückblick war dies ein Schlüssel der nahezu spannungsfreien Zusammenarbeit, in der wir einander nicht viel erklären mussten, sondern unausgesprochen ganz oft den gleichen Ansatz wählten. Unsere Herangehensweise war von gleichen Überzeugungen und Grundwerten geprägt: ein Glücksfall, der uns später mit Nicole Napiwotzki in einem externen Coaching genau so gespiegelt wurde – eine außergewöhnliche Konstellation, in der Leiterpersönlichkeiten sich ergänzen und eben nicht in Konkurrenz zueinander treten. Die fehlenden Reibungsverluste und die Konzentration auf die Vorwärtsbewegung sind wahrscheinlich der Grund dafür, dass wir die Pionierjahre mental und physisch halbwegs gesund überstanden haben. Im Zusammenspiel und mit dem Rückenwind des Schulträgers entstand reichlich positive Energie.

Die Pragmatik von Schulentwicklung hat die beiden zunächst parallelen Projekte nach wenigen Jahren zusammengeführt. Zwei Oberstufen waren keine Option, das Gymnasium arbeitete auf einen Neubau hin, die Gesamtschule brauchte Raum, in eine geregelte Vierzügigkeit hineinzuwachsen. Die Oberstufe zog in gemietete Kirchenräume. Genau dort fanden unsere Wege ihren gemeinsamen Raum: in einem winzigen, dunklen Büro. Uli in der Doppelrolle als Direktor und als Leiter der Oberstufe, ich nach wie vor mit dem Aufbau der Sek. I beschäftigt.

Mitten im verzögerten Bau an der Buchenstraße habe ich ihn als einen Mann kennengelernt, dessen Charakter sich in den wesentlichen Zügen in den folgenden Jahren nicht änderte und dessen Handeln, wie kann es anders sein, gerade auch in seiner Widersprüchlichkeit Kraft gewann. Wie ein Oxymoron Gegensätze und Widersprüche vereint und zum Nachdenken anregt, so forderte Ulis Handeln und seine Persönlichkeit sein Umfeld ein ums andere Mal heraus und zwang viele von seinen Wegbegleitern, regelrecht nachzudenken, Stellung zu beziehen, Neuland zu betreten. Gegensätze und Widersprüche sind unangenehme Zeitgenossen. Wo wir sie im Gegenüber erkennen, sind diese immer auch ein ungnädiger Spiegel unserer eigenen Widersprüchlichkeit, das Ärgernis am Gegenüber vielleicht die Erkenntnis der eigenen Unzulänglichkeit.

Ich bleibe in den Bildern der Gegensätzlichkeit. Ulis Kommunikation war in der barschen Sanftheit für die einen eine Einladung, sich zu engagieren und Potenziale zu entdecken, für andere brüskierend, unklar, Wischiwaschi. Warmherzig, großzügig und überschwänglich für die einen und narzisstisch, undurchsichtig für die anderen, die eine heimliche Agenda witterten und nicht wussten, wo die Reise so genau hinging. Egal ob im persönlichen, mündlichen Kontakt oder schriftlich in Mails oder Artikeln und Berichten: immer geht und ging es ihm um

Schönheit, Staunen und darum, Begeisterung zu entfachen. Bis heute kommt kaum eine E-Mail von Uli ohne Bilder aus. Wasser, Sonne, Sonnenuntergang, Sonnenuntergang mit Wasser, Sonnenuntergang mit Wasser und in Berlin, Schönheit am Himmel, Schönheit am Straßenrand, spielende Kinder …

Eine weitere Gegensätzlichkeit wird deutlich in der Art und Weise, wie Uli sein Amt der Schulleitung definiert hat. Wir füllen unsere Ämter, geben der Rolle, die wir einnehmen, ein Gesicht, wir werden mit der öffentlichen Wirkung unseres Amtes identifiziert und umgekehrt. Die Definition von Leitung ist für Uli zutiefst mit seinem Menschenbild und Gottesbild verbunden. Ich habe in der Zeit mit ihm und von ihm dienende Leiterschaft gelernt. Ermöglichungskultur als Paradigma: andere in die Lage versetzen zu glänzen, Plattformen bauen, Bühnen bieten, ganz egal ob Schüler oder Eltern oder Lehrer. Die Mitarbeiter werden nicht zu Erfüllungsgehilfen der Unternehmensziele. Sie sind nicht die Schachfiguren in einem strategischen Spiel. Es geht nicht darum, als Gewinner dazustehen. Dieser Ansatz tut jedem Gegenüber gut, weil er Raum schafft, und er ist gleichzeitig so radikal anders, dass er nicht oder oftmals falsch verstanden wird.

In dieser Rolle war es unvermeidlich, auch zur Zielscheibe zu werden. Enttäuschte Erwartungen, Eitelkeiten und Sachzwänge in dem schulischen Tagesbetrieb, Fehleinschätzungen, Naivität und auch Unerfahrenheit und unsere eigene Dummheit: alles zusammen reichlich Gelegenheit, charakterlich herausgefordert zu werden – und unsere Mitspieler herauszufordern. Wir haben uns damals versprochen, uns nicht auf Machtspiele einzulassen. Ein Feld, auf dem wir hoffnungslos unterlegen wären? Vielleicht schon, aber ganz sicher aus der tiefen Überzeugung, dass es der falsche Weg ist, der Samen von Bitterkeit sät und allzu viele Verletzungen und Verletzte zurücklässt. Beziehungen sind wichtiger als Dinge. Menschen sind wichtiger als Projekte. Freunde sind wichtiger als unsere Dogmen, unsere vehement vorgetragenen Überzeugungen, die allzu oft den Test der Zeit dann doch nicht überstehen.

Ein weiterer scheinbarer Widerspruch, ein Gegensatz, der Uli und unsere gemeinsame Zeit ganz gut umschreibt, war auch in der Physis des großen Sportlers abzulesen; der humpelnde Starke. In all den Jahren habe ich Uli für seine Fitness und Physis bewundert und gleichzeitig hat er Jahr um Jahr um diese gerungen, hat mit Verletzungen und Schmerzen zu kämpfen gehabt. Im Rückblick sehe ich Uli als verwundeten Heiler; als jemand, der in und trotz aller offensichtlichen Schwächen und Unzulänglichkeiten in der Lage war, anderen Menschen Heilung anzubieten. Jemand, der in der Lage war, ein Habitat zu schaffen, in dem Seelen und Talente genährt werden, gesund werden, in dem Schüler und Kollegen Ruhe und neue Perspektiven finden konnten. Erstaunlich, wie der untalentierteste Gärtner auf Gottes weitem Erdkreis doch die Talente des großen Weltengärtners lebt, sich die Gummistiefel anzieht, sich die Hände dreckig macht, auch bei Regen pflanzt, düngt, jätet und sich kindlich, diebisch an Knospen, Blüten und den Früchten freuen kann. Erstaunlich.

Jeder Absatz ließe sich durch Anekdoten und Namen und Eindrücke ergänzen, aber das Gesamtbild bleibt – und stimmt: Es bleibt erstaunlich, dass unser Handeln trotz und mit all unseren Widersprüchlichkeiten ab und zu zum Segen wird. Mit den Brüchen unserer Biografie, gebrochen an den eigenen Ansprüchen, als denkbar unperfekte Menschen. Beste Gesellschaft, lieber Uli, in der wir uns befinden, und ein Auftrag an alle, die eigenen Unzulänglichkeiten nicht zur Begrenzung werden zu lassen.

Türen, die sich mir in Schule, Studium und Referendariat öffneten

No subversive ever does something big.
He is always carrying secret messages,
planting suspicion that there is something beyond
what culture says is final.

Eugene H. Peterson

68er-Spätlese –
Meine Schulzeit in Berlin (West) 1966–1978

Der Weg zur Grundschule und später zum Gymnasium war so kurz, dass ich selten früher als fünfzehn Minuten vor Unterrichtsbeginn unsere Wohnung verlassen musste. In meiner Erinnerung an diese Jahre spielt Schule eine eher geringere Bedeutung. Familie und Sportverein haben mehr Raum in meinem Gedächtnis. Ich erinnere mich gut an eine Klassenreise nach Spiekeroog in der 4. Klasse. Das endlos scheinende Meer, Fußball spielen am Strand, die ersten Schwarz-Weiß-Fotos mit einer eigenen kleinen Kodak-Instamatic-Kamera. Meinen einzigen Tadel erhielt ich am 2. Oktober 1971. Der handgeschriebene Text an meinen Vater lautete: „Sehr geehrter Herr Marienfeld, leider muss ich Ihnen mitteilen, dass Ulrich wegen seines Verhaltens im Biologie-Unterricht getadelt werden muss. Er schwatzte häufig und warf sogar mit Papier. Hochachtungsvoll …". Dass meine Mutter nicht einmal angeschrieben wurde, war im bürgerlichen Berlin-Steglitz dieser Zeit nicht unüblich. Meine Eltern, die durchaus ordentliches Verhalten von mir verlangten, fanden diese „pädagogische Maßnahme" glücklicherweise auch lächerlich. Sie haben dieses Dokument für mich aufbewahrt. Es hing Jahrzehnte später für alle sichtbar in meinem Schulleiterbüro in Düsseldorf. Es sollte daran erinnern, dass auch bei mir nicht alles glatt lief. Aber es sollte unser Team auch dazu ermahnen, pädagogische Konsequenzen nicht formal abzuarbeiten, sondern wirklich sinnvoll einzusetzen, stets zu versuchen, die Perspektive von Kindern wie Eltern mit in den Blick zu nehmen.

Der Übergang zum Gymnasium verlief für mich unproblematisch. Anders bei meinem Freund Stefan. Dessen Vater, ein typischer Arbeiter, bekam beim Vorstellungsgespräch von dem Direktor zu hören: „Herr Gäth, Sie wissen, dass dies eigentlich keine Schule für Arbeiterkinder ist." Mit Beharrlichkeit und Geduld bekam er schließlich doch einen Platz. Stefan war nie ein guter Schüler. Er wollte Landwirt werden – weil er in den Ferien regelmäßig bei einem Onkel in Westfalen auf dessen Hof mithelfen konnte. Irgendwie bekam er die Qualifikation für die Oberstufe. Mit den vermeintlich leichten Leistungskursen Biologie und Erdkunde absolvierte er sein Abitur mit einem Schnitt von 3,1. Er studierte Agrarwissenschaften an der Universität Göttingen, bestand alle Abschlüsse mit Auszeichnung, promovierte, habilitierte und erhielt mit 36 Jahren einen Lehrstuhl in den Umweltwissenschaften. Als einer der Ersten beschäftigte er sich wissenschaftlich mit Fragen knapper werdender Ressourcen. Seine Bildungsbiografie ist für mich ein wunderschönes Beispiel, wie Menschen etwas lernen können, wenn sie von der Sache begeistert sind. Irgendwie hat Stefan das Schulsystem überstanden. An der Universität konnte er in dem aufblühen, wofür sein Herz schlug.

Auch wenn es eine Zeit war, in der die Autorität von Lehrer*innen fast uneingeschränkt zu gelten schien, hatte ich mit der Muttermilch eine gute Portion Selbstbewusstsein mitbekommen. In der 7. Klasse hatten wir Mathematik und Geografie bei Frau Dr. Herzog. Ihr Name war Programm. Wir hatten großen Respekt vor dieser Dame. Wir wurden von ihr mit „Sie" angesprochen. Dies verlieh dem Unterricht zusätzliche Ernsthaftigkeit. Sie war eine natürliche Autorität, die uns ihre Fächer in großer Klarheit vermitteln konnte. Eines Tages sollte ich der Klasse mit einem Globus die Gezeiten erklären. Also ging ich nach vorne, nahm den Globus in die Hand und begann mit den Worten: „Stellt euch vor, ich bin die Sonne und das ist die Erde." Zur großen Überraschung aller begann Frau Dr. Herzog zu lachen: „Na, an Selbstbewusstsein fehlt es Ihnen aber auch nicht."

Als es an die Wahl der Leistungskurse für die Oberstufe ging, hörte ich auf ihren Rat. Die promovierte Geografin riet mir, die Kombination Mathematik und Englisch zu belegen. „Wenn Sie an Geografie in ein paar Jahren immer noch großes Interesse haben, können Sie das Fach mühelos studieren." Nur wenige Jahre später waren es genau die Englischkenntnisse, die mir erlaubten, an einem Austauschprogramm der Uni Tübingen teilzunehmen. Diese Erfahrung hat meinen pädagogischen Horizont wesentlich erweitert.

Auch habe ich an den Leistungskurs Englisch an sich gute Erinnerungen. Neben den Klassikern *1984* und *Animal Farm* sollten wir auch *One Flew Over the Cuckoo's Nest* lesen. Da die Verfilmung damals gerade in den Berliner Kinos lief, gingen wir vorab aus eigener Initiative abends in eines der Programmkinos. Wir waren so stolz darauf, den Film in Originalsprache gesehen zu haben. Unsere Kursleiterein, Frau Lundt, war Leserin des

TIME-Magazines. Von ihr bekamen wir jede Woche die aktuelle Ausgabe zu den bisher schon sorgfältig gesammelten Ausgaben der letzten Monate in unseren Kursraum. Neben der Pflichtlektüre des Semesters hatten wir die zusätzliche Aufgabe, pro Quartal drei Artikel des *TIME-Magazine* kurz schriftlich zusammenzufassen. Uns schien es eine sehr einfache Aufgabe zu sein. Hier einmal die Überschrift gelesen, dann der Text unter den Fotos, einen Artikel überflogen, später gemerkt, dass man ihn nicht so spannend fand. Erst als Lehramtsstudent ist mir aufgefallen, dass selbst die Faulsten unter uns auf der Suche nach für uns möglichst einfachen Artikeln mindestens zehn Texte wahrgenommen hatten. Wären zehn Artikel verpflichtend gewesen, hätten wir vermutlich rebelliert. So waren wir dankbar für ihr freundliches Entgegenkommen. Wir hatten nicht gemerkt, wie sie uns zum Lesen verführt hatte.

Von den Feierlichkeiten zum Abitur ist mir noch in Erinnerung, dass wir seit vielen Jahren der erste Jahrgang waren, der einen Abiball organisiert hatte. Wir – viele Jahre später von einer Abiturientin des Jahrgangs 1989 liebevolle als 68-Spätlese bezeichnet – nutzten die Gelegenheit, um auszudrücken, was wir von denen hielten, die uns formal vorgesetzt waren. Sie zeigten in unseren Augen häufig nicht das Rückgrat, von dem Bettina Wegener in ihrem Lied *Sind so kleine Hände* 1976 gesungen hatte. Zur Bekanntgabe der Ergebnisse der schriftlichen Klausuren hatten wir uns in Morgenmänteln am Schultor versammelt. Hand in Hand gingen wir in Zweierreihen über den Hof und sangen Lieder der *Sesamstraße*. Nach der Bekanntgabe blieben wir noch auf dem Hof, öffneten für mehr als achtzig Abiturient*innen fünf Flaschen Sekt, indem wir sie nach Entfernen des Drahtes über dem Korken so lange schüttelten, bis dieser möglichst hoch in den Himmel flog. Der alarmierte Schulleiter erschien wenige Augenblicke später. Er machte mich als Schüler*innensprecher darauf aufmerksam, dass das Trinken von Alkohol auf dem Schulgelände verboten sei. Ich rechnete ihm kurz vor, wie viel jede*r von uns bei den vorhandenen fünf Flaschen Sekt trinken könne. Dann beendete ich das Gespräch meinerseits mit der nicht gerade respektvollen Floskel „Sie haben Ihre Dienstpflicht getan". Mir tat er damals fast leid. Man sah ihm an, dass er im Grunde nichts gegen unsere Aktion hatte. Aber an diesem bürgerlichen Gymnasium konnte er sich aus dienstlichen Gründen nicht einfach mit uns freuen. – Der stellvertretende Schulleiter galt als aalglatt. Er war ein schleimiger Typ. Was hatten wir eine Freude daran, 300 Plastikbeutel mit Sägespänen zu füllen, sie zu verschließen, um sie dann Stück für Stück an die Abizeitungen zu tackern. In der Abizeitung war ein Hinweis abgedruckt, wie man die Schleimspur abstreuen kann, um nicht darauf auszurutschen, falls man der unangenehmen Person begegnen sollte.

Wenn ich Jahrzehnte später bei den Vorbereitungen auf den Abi-Streich als Schulleiter gefragt wurde, ob manche ironische Aktion oder Bemerkung verletzend sei, dann erinnerte ich mich gut an meine eigenen Abiturerfahrungen als Schüler. Bis auf sehr, sehr wenige Ausnahmen konnte ich erleben, wie die Abiturient*innen das in sie gesetzte Vertrauen nicht missbrauchten, sondern sensibel humorvolle Beiträge darboten, über die wir gemeinsam viel lachen konnten.

Wissenschaftliche Hilfskraft, Mentor, Schulleiter, Held – Frido Pflüger, SJ

Irgendwie war es für mich nie eine Option gewesen, mein Studium in Berlin (West) zu beginnen. In einer von einer Mauer begrenzten Stadt erst von der Schule an die Uni, um wieder an die Schule zu gehen. Das war keine große Perspektive. Eine Biografie sollte auch andere Aspekte aufweisen, wenn es um Lebenserfahrung oder Weitsicht geht. Daher war mein Plan, zumindest das Studium irgendwo in Westdeutschland zu absolvieren. Erst 2016 sollte ich in meine Heimatstadt zurückkehren. Damals konnte ich nicht ahnen, was in der Zwischenzeit passieren würde.

Außer über die ZVS konnte man sich 1978 in Baden-Württemberg auch direkt bei den Hochschulen für das Lehramtsstudium Sport bewerben. Freiburg war meine erste Wahl gewesen. Aber die erste Zusage erhielt ich aus Tübingen. Was ein paar Tage wie eine Notlösung aussah, erwies sich schon bald als für mich idealer Studienort. Sport zu studieren war pure Lebensfreude. Für die Mathematik galt es, etliche Berge zu bezwingen – nicht nur auf dem Weg zur Morgenstelle, dem auf einem „Berg" gelegenen modernen Gebäudekomplex der Naturwissenschaften, in dem auch das Mathematische Institut lag.

Das Pflichtprogramm für die beiden ersten Semester bestand aus Analysis und linearer Algebra. Verrückterweise mussten wir keine Klausuren schreiben. Man bekam die Scheine durch die Abgabe von Übungsaufgaben. Diese haben wir nicht alle selbstständig gelöst. Vermutlich wäre ich in diesem System gescheitert – wäre da nicht eine wissenschaftliche Hilfskraft gewesen, von der ich weit mehr als Mathematik gelernt habe. Frido Pflüger, der weltoffene Jesuit, war nach seinem Theologiestudium gerade noch in den letzten Semestern seines Lehramtsstudiums in Mathematik, Physik und Astronomie. Bei Frido konnten wir immer ein Glas Wasser oder auch eine Tasse Kaffee bekommen. Erst recht hatte er stets ein offenes Ohr, um über Gott und die Welt zu sprechen. Aber wenn es um die Übungsaufgaben zur Analysis ging, war die erste Frage immer: „Zeig mal, was Du schon gemacht hast." Er war bereit zu helfen. Aber er wollte sehen, woran er bei jedem anknüpfen konnte. Es war unausgesprochen klar, dass er mich bei meinem Lernen unterstützen wollte, er aber nicht nochmals das wiederholen würde, was ich schon in der Vorlesung gehört hatte oder in Büchern nachlesen konnte. Später habe ich als Lehrer gelernt, auf Forderungen wie: „Das müssen Sie meinem Kind beibringen!" zu reagieren, indem ich meine Bereitschaft zu unterstützen bekräftigte, aber ebenso deutlich darauf hinwies, dass das Lernen nur im Kind selbst stattfinden kann. Auch antwortete ich auf Aussagen von sich für die Oberstufe bewerbenden Schüler*innen wie „Ich möchte mein Abitur" fast formelhaft mit der Frage: „Schön, und was wirst Du dafür tun?"

Frido half mir auch sehr, indem er die Unterschiedlichkeit meiner beiden Studienfächer knapp formulierte. „Im Sport macht Dir alles Spaß. In Mathematik musst Du hart arbeiten – also setze Dich hin. Fang jetzt damit an, wenn Du das Studium bestehen möchtest." Dies war eine klare, einfühlsame Ansage. Sie half mir weiter. Über moralische Appelle mancher Dozenten konnten wir dagegen nur lachen. So versuchte ein junger Professor uns als Erstsemester von der Notwendigkeit zu überzeugen, uns ausschließlich der Mathematik hinzugeben. „Ich bin der Herr, Dein Gott. Du sollst keine anderen Götter neben mir haben. Wer so spricht, ist die Mathematik", haben wir von ihm mehr als einmal zu hören bekommen. Eines Tages unterstrich er seine grenzenlosen Forderungen mit dem Hinweis auf sein persönliches Vorbild. Er habe in seiner Zeit als Student stets bis nachts um halb zwei Übungsaufgaben gelöst. Ein neben mir sitzender Kommilitone meinte dazu: „Was für ein coole Idee. Wenn wir nach dem Handballtraining nachts um 1.00 Uhr aus der Kneipe kommen, setzen wir uns noch eine halbe Stunde an die Aufgaben."

Ein Exkurs:
Summerschool 1980 in Cortland, NY (USA)

Im Sommer 1980 bot sich die Gelegenheit, an einem Austauschprogramm der Universität Tübingen teilzunehmen. Das Programm begann noch vor dem Start in die Semesterferien. Trotzdem konnten alle Teilnehmer*innen ihre Kurse vorzeitig abschließen. Selbst die Zwischenprüfung in Mathematik wurde dank eines einzelnen Hochschullehrers vorgezogen. Günter Scheja hatte selbst einige Jahre in den USA gelehrt. Er wusste um die Bedeutung solcher Erfahrungen, nicht nur für die akademische Laufbahn, sondern vor allem für die Persönlichkeitsentwicklung. „Sie werden dort so viel mehr als Mathematik lernen", ermutigte er uns. Eines der Seminare an der *State University of New York* in Cortland trug den Titel „*Outdoor-Education*". Der Titel an sich war in der damaligen Zeit für deutsche Gymnasiallehrer schon herausfordernd. Der Dozent Dr. Lewis fragte uns nach einer Vorstellungsrunde: „*What do you expect?*" Eine*r nach dem/der anderen formulierte, was er/sie in diesen Wochen lernen wollte. Nachdem wir alle unsere Interessen, Wünsche und Hoffnungen formuliert hatten, meinte er: „*That's very interesting. I hope that we enjoy this time!*"

„I hope that we enjoy this time!"

Noch Jahrzehnte später klingt dieser Satz in meinen Ohren. Was für eine völlig andere Perspektive!

Es geht nicht primär um Lernziele.
Es geht um Freude!
Lernen und Studieren ist Lebensfreude.

Schulen ebenso wie Universitäten können Orte sein, an denen sich Begeisterung entfaltet. Dozent*innen wie Student*innen können miteinander Freude erleben. Dieser Satz wurde mein (meist) unausgesprochenes Credo. Wie schön war es, als der Abiturjahrgang 1994 in seiner Abi-Zeitung meiner Beschreibung den Untertitel gab „Lernen kann Freude machen". Ich habe den jungen Leuten daraufhin von meiner Erfahrung im Studium erzählt. Sie meinten: „Man hat das bei Dir immer gespürt. Egal ob es Sport, Mathematik oder Religion war. Es hat Dir Freude gemacht. Das hat viele von uns angesteckt."

Einem meiner damaligen Kollegen war diese Formulierung – wie mein pädagogisches Tun überhaupt – eher suspekt. Er sprach mich an: „Siehst Du, was Du da angerichtet hast. Du tust so, als ob alles immer leicht ist oder Spaß macht." Er wollte ausdrücken, was mir auch die Prüfer im zweiten Staatsexamen mit der Note „befriedigend" schon bescheinigt hatten: dass ich den Ernst des Lebens noch nicht verstanden hätte.

Ich bin dankbar und glücklich, dass ich mir auch nach über dreißig Jahren an verschiedenen Schulen diese Leichtigkeit bewahrt habe. Ja, auch ich benutzte manchmal (nicht nur scherzhaft) den Satz, dass ein Leistungskurs in Mathematik vor allem die Frustrationstoleranz erhöht. Doppelbrüche und Quotientenregel fallen einem in der Regel ebenso wenig im Schlaf zu wie das Verständnis für komplexe historische Zusammenhänge oder das Beherrschen komplizierter Bewegungsabläufe. Aber das Erlernen eines Auerbach-Saltos ist ebenso in erster Linie mit Freude verbunden wie das Entdecken der Schönheit komplexer Zahlen in Apfelmännchen oder anderen fraktalen Gebilden. Natürlich kostet es Mühe. Natürlich braucht man dafür Ausdauer. Gerade deshalb halte ich es für wesentlich, mir diese Perspektive zu bewahren. Ich möchte Raum schaffen, damit andere sie für sich entwickeln können. Es geht nicht um stures Pauken für einen sicheren Arbeitsplatz. Bei allen Gedanken an die Zukunft geht es nicht zuletzt auch immer um die Gegenwart. Es geht um das Leben, das man gerade jetzt ganz aktuell gestaltet. Daher gilt für mich auch weiterhin:

„I hope that we enjoy this time."

Spätere Begegnungen mit Frido Pflüger

Nach dem Sommer in den USA setzte ich das Studium in der Steiermark fort. Im Februar verlobte ich mich mit einer Grazerin. Am Ende dieses Auslandsjahres heirateten wir dort. Wir zogen 1981 nach Deutschland. Meine Frau hatte durch die Vermittlung von Freunden in Braunschweig eine Stelle als Sozialarbeiterin gefunden. Daher ging es nach Norddeutschland, wo ich das Studium beendete und das Referendariat absolvierte. Frido hatte ich aus den Augen verloren. Jahre später blätterte ich, beim Zahnarzt wartend, in einer ausliegenden Zeitschrift. Dort entdeckte ich ihn in einem Bericht über eine Gemeinschaft christlichen Lebens in Dresden wieder. Er war inzwischen Schulleiter des dortigen Benno-Gymnasiums geworden. Bei einem Besuch einige Jahre später sprachen wir darüber, wie man Jugendlichen Raum geben kann, sich in der Schule auch außerhalb des Unterrichts zu entfalten. Er hatte mit dem Hausmeister eine Absprache getroffen, dass das Gebäude auch morgens schon für diejenigen offen war, die bereits vor Unterrichtsbeginn kommen wollten. Meiner Bemerkung, dass dies bei meiner Schule nicht zu realisieren sei, weil man Angst habe, dass dies wegen mangelnder Aufsicht „ein Präzedenzfall sei", entgegnete er mit gespielter Ahnungslosigkeit:

„Präzedenzfall? –
Wir sind doch keine Juristen. Wir sind Pädagogen."

Die Rechtsvorschriften waren ihm durchaus geläufig. Aber er konnte die Bedeutung der neutestamentlichen Aussagen, dass die Gebote für den Menschen gemacht sind und nicht der Mensch für die Gebote, sehr pragmatisch in sein Schulleiterhandeln übertragen.

Die PISA-Studie beunruhigte zu dieser Zeit viele Bildungspolitiker*innen und Pädagog*innen. Frido, Lehrer für Mathematik, Physik und Astronomie, kommentierte diese Aufgeregtheit bezüglich dokumentierter Defizite in den messbaren Tests der Fähigkeiten in den sogenannten Hauptfächer mit dem Gedanken, dass die eigentlich relevanten Schritte der Persönlichkeitsentwicklungen doch häufig in den musisch-künstlerischen Fächern ermöglicht werden. An seiner Schule gab es zu dieser Zeit mehr als 40 Arbeitsgemeinschaften. Ausstellungen und Konzerte gehörten ganz selbstverständlich zum schulischen Leben. Auch die messbaren akademischen Leistungen seiner Schüler*innen waren hervorragend.

Im Herbst 2002, dem Jahr des Elbe-Hochwassers, konnte ich Frido zu einem Coaching-Wochenende besuchen. Die Monate vorher war er mit Krisenmanagement vor Ort und überregionalen Aufgaben des Ordens unterwegs. Nun, an seinem ersten „freien" Wochenende, hatte er uneingeschränkt Zeit für seinen ehemaligen Studenten. Wir spazierten, redeten, hatten Zeit, in Ruhe zu essen und guten Wein zu trinken. Am nächsten Nachmittag stand mein Entschluss zu promovieren fest. Ich konnte nicht ahnen, dass ich für dieses Vorhaben nach dem Unfalltod meiner Frau im März 2003 viel Zeit haben würde. Als Frido von diesem Schicksalsschlag erfuhr, nahm er sich ungefragt zwei Tage Zeit – die er eigentlich angesichts seiner bevorstehenden Ausreise nach Ostafrika nicht hatte. Er besuchte mich zu Hause in Lich in Mittelhessen. Wir spazierten „im Herzen der Natur" (Werbeslogan von Licher Bier), redeten, schwiegen, beteten, tranken Kaffee – er hatte einfach Zeit für mich. Was für ein Geschenk, wenn man bei einem Wiedersehen, egal nach vielen Jahren, echtes Interesse spüren und sich für die Fragen des Lebens öffnen kann.

Von 2003 bis 2012 lebte Frido in Ostafrika. Als Regionalleiter des Jesuiten-Flüchtlingsdienstes betreute er insgesamt etwa 110.000 Flüchtlinge. Nachdem er zwischendurch für einige Jahre (2012–2018) in Berlin als Flüchtlingsseelsorger in der Härtefallkommission das Erzbistum Berlin vertrat, kehrte er im Sommer 2018 wieder nach Uganda zurück. Dort begleitet er als Direktor des dortigen Flüchtlingsdiensts der Jesuiten (JRS) auch Schulen, die mit ihrer Bildungsarbeit Menschen Türen öffnen, sodass sie ihr persönliches Leben eigenverantwortlich gestalten und in ihrer Gesellschaft Verantwortung übernehmen können.

Wohltuende Menschlichkeit im schulischen Alltag – Günter Löhr

Wie das Referendariat gelingen kann

Nach dem ersten Staatsexamen wurde ich vom Studienseminar Braunschweig für den Vorbereitungsdienst der Neuen Oberschule Braunschweig zugordnet. Ein Glücksfall, wie sich herausstellen sollte. Die Konferenzen mögen denen anderer Schulen ähnlich verlaufen sein: manche aus dem Kollegium korrigierten Vokabeltests, andere diskutierten heftig Grundsätzliches. Aber der Ton war auch bei schwierigsten Themen wertschätzend.

Man wurde pünktlich fertig.

Danach ging es gemeinsam – zur Probe der Big-Band, der Theatergruppe oder in eine Kneipe. Die Unterschiede zwischen dem Philologenverband und der GEW waren ebenso erkennbar wie die zwischen Geistes- und Naturwissenschaftler*innen oder wie auch immer man Polaritäten in Kollegien beobachten mag. Aber hier gab es nicht die Spur eines Zweifels daran, dass man gemeinsam an einer Schule und für die Schüler*innen miteinander arbeitet – und dabei große Freude hatte.

Vor allem unausgesprochen habe ich dort wesentliche Botschaften gelernt, die jedoch auch oft genug klar und deutlich von vielen in Worte gefasst wurden:

- Wir sind gerne Lehrer*in!
- Wir sind gerne an unser Neue Oberschule!
- Es gibt so viele schöne Möglichkeiten, Schule zu gestalten!
- Du bist eingeladen, mitzugestalten!
- Wir trauen Dir zu, die Projekte zu gestalten, von denen Du träumst!

Günter Löhr, stellvertretender Schulleiter, hatte maßgeblichen Anteil daran, dass ich dort in meinem Referendariat viel Mutmachendes erleben konnte. Das war damals wie heute viel zu oft eher die Ausnahme als die Regel. Beim Skikurs im Harz saßen wir abends noch beim Tee zusammen – einige ältere Kolleg*innen mit uns jungen Referendar*innen. Günter sagte, er würde demnächst eine größere Untersuchung am Rücken haben. Er sinnierte dankbar darüber, was für ein Glück, ja welches Privileg es sei, mit Schüler*innen Ski fahren gehen zu können. Man spürte in jedem Wort die Freude an den schwingenden Bewegungen im Schnee, das Staunen über die Natur und das Geschenk, Schüler*innen aus der Stadt in diese Welt der Berge hinein begleiten zu können. Vielleicht sei dies sein letzter Skikurs, meinte er – unsicher wie es nach einer möglichen Operation für ihn weitergehen würde. Etwas später fragte er dann, ob diese Begeisterung für uns, die wir eventuell keine Anstellung bekommen würden, eine Belastung sei. Wir verneinten, sondern drückten unsererseits den Dank aus, dass da einer so ehrlich und offen mit uns sprach. Mich begeisterte nicht nur an dieser Stelle seine Empathie und die Fähigkeit, wohltuender Menschlichkeit auf ganz natürliche Weise ihren pädagogischen Raum zu geben.

Im Schulalltag „verschwendete" Günter Löhr täglich ein bis zwei Stunden, indem er ruhig durch das Lehrerzimmer ging, die einzelnen Kolleg*innen begrüßte, sich in der gemeinsamen Küche einen frischen Kaffee holte, die eine oder den anderen ansprach. Ganz unmissverständlich signalisierte er, dass er für jede*n da war, der ihn ansprechen wollte. Jahre später habe ich es mir als Schulleiter in Düsseldorf angewöhnt, morgens möglichst mit dem Hausmeister als Erster in der Schule zu sein, unter anderem auch, um den Kaffee aufzusetzen. Täglich kam es zu kleinen Begegnungen – oder vereinzelt auch tiefen Gesprächen. Vieles, was Einzelne belastete, konnte so ausgesprochen werden, bevor es zu einem Problem wurde. Wie viele schöne, verrückte Ideen wurden zu dieser Zeit geboren! Diese konnten dann in den folgenden Wochen und Monaten entwickelt werden.

Günter Löhr konnte ich fast ein Semester lang vor meinem Examen in einem Volleyballkurs begleiten. Wann immer es für mich passte, konnte ich Teile der Doppelstunde oder auch den gesamten Zeitraum unterrichten. Im Anschluss fragte er dann stets, ob ich eine Rückmeldung hören wolle. Es war klar, dass es nicht darum ging, dass er etwas sagen wollte, sondern dass ich die Gelegenheit bekam, eine konstruktiv kritische Rückmeldung zu bekommen – falls ich dafür bereit war. Meine innovativen Ideen wurden gelobt, mein Mut, Neues zu wagen, wertgeschätzt. Manchmal bekam ich auch eine Idee davon, wie ich es beim nächsten Mal noch besser machen könnte. Zur Examensvorbereitung fragte ich, ob er vielleicht zu Hause noch ein Buch zum Volleyball habe, das er mir für kurze Zeit ausleihen könne. Er bejahte die Frage. Am nächsten Tag brachte er mir zwei Taschen mit 37 Volleyballbüchern mit! Vielleicht gab es zu der Zeit im deutschsprachigen Raum 38 oder 39, vielleicht … Aber in dem Moment war mir klar, dass alles, aber auch alles, was ich in den letzten Wochen als für mich neu im Unterricht gezeigt hatte, für ihn alte Hüte waren. Er kannte es. Aber ihm war klar, dass es für mich neue Ideen waren. Er hat sie als solche gefördert. Er hat mich zu einem Lehrer wachsen lassen, der mutig eigene Ideen entwickeln kann.

Die Situation am Studienseminar war eine andere. Die Neue Oberschule hatte den Ruf, dass der Unterricht dort angeblich zu leicht sei. Schüler*innen und Lehrer*innen hatten viel Spaß. Das war eines deutschen Gymnasiums Mitte der 1980er-Jahre nicht würdig. Zumindest war es dem Seminarleiter sowie einigen anderen sehr suspekt. Ich erinnere mich an den Besuch bei einem anderen Referendar in einem dieser ehrwürdigen Gemäuer. Wir kamen aus der Sporthalle ins Gebäude zur Nachbesprechung. Auf dem Gang wurden wir von einem älteren Kollegen von oben bis unten gemustert: „Meine Herren, vielleicht hat man es Ihnen noch nicht gesagt, aber in einem deutschen Gymnasium trägt man keine Sportschuhe." Nicht zufällig, gab es zu dieser Zeit an dieser Schule keine einzige Kaffeemaschine, wie wir wenig später feststellten.

Meine zweite Examensarbeit wollte ich zum Thema „Sport im Nationalsozialismus" schreiben. Im Rahmen einer Projektwoche konnte ich mich eine Woche mit Schüler*innen zu diesem Thema beschäftigen. Die Filme von Leni Riefenstahl, alte Bücher sowie neuere Publikationen und vor allem die Möglichkeit, noch lebende Zeitzeug*innen zu befragen, ließen eine bunte Palette an Vertiefungsmöglichkeiten zum selbstständigen Arbeiten offen. Wegen des Themas bekam ich damals einen Termin beim Hauptseminarleiter. Welches denn mein zweites Studienfach sei, wurde ich von dem älteren Herrn gefragt. Natürlich kannte er die Antwort aus den Unterlagen selbst. Daraufhin bekam ich dann zu hören, dass ich doch die geisteswissenschaftlichen Themen bitte denen überlassen solle, die solche Fächer studiert haben. Was konnte man von einem Sportler schon erwarten. – Also wählte ich stattdessen das Wasserspringen zum Projektthema. Der Mathematik-Fachleiter hat mir wohl nie verziehen, dass ich auch meine zweite Examensarbeit wieder im Sport und nicht in Mathematik schrieb. Er bescheinigte mir, ein freundlicher Mensch und engagierter Sportler zu sein. Er hatte wohl auch mit gewissem Interesse registriert, dass unser drittes Kind im Referendariat geboren wurde. Aber in der Examenslehrprobe war er dann einer derjenigen, die genügend formale Mängel entdeckten, dass die Note letztlich nicht „gut", sondern nur „befriedigend" war. Ich rechne es meinem damaligen Schulleiter, der ansonsten immer in allem sehr korrekt war, hoch an, dass er nach einer 45-minütigen Diskussion um meine Note, mir vor der versammelten Kommission laut und deutlich ausdrückte „Dies war nicht meine Entscheidung". Es hatte offenbar unter den fünf Prüfern eine heftige Diskussion gegeben, bei der die Vertreter der Schule letztlich unterlegen waren. Zwei Tage danach traf ich Günter Löhr, den stellvertretenden Schulleiter, im Lehrerzimmer. „Jetzt kann ich es Ihnen ja sagen", begann er das Gespräch. „Sie hatten nie eine Chance. Als ich den ersten Satz der Besprechung ihrer Sportlehrprobe hörte, war mir klar, dass man Sie nicht ungeschoren davonkommen lassen würde. Sie waren zu kreativ. Sie haben das gemacht, was sie an unserer Schule gesehen und gelernt haben. Sie haben eigene Ideen entwickelt. Aber das war nicht gefragt. Sie haben nicht heruntergeleiert, was man hören wollte. Ich hatte gehofft, mich zu irren. Aber nach mehr als zwanzig Jahren, die ich als Fachleiter tätig war, kann ich ihnen sagen, dass es nicht an Ihnen lag. Sie konnten bei dieser Kommission keine bessere Note erreichen." Er meinte, dass ich durchaus Einspruch gegen das Prüfungsergebnis erheben könne. Vermutlich dürfte ich ein halbes Jahr verlängern sowie eine neue Examensprüfung machen. Aber das System würde sich in dieser Zeit nicht ändern.

Mit einem „sehr gut" wäre die Verbeamtung damals sicher gewesen, mit einem „gut" sehr wahrscheinlich, aber mit einem „befriedigend" hatte man keinerlei Aussichten auf eine Anstellung in öffentlichen Schulen Niedersachsens. Nach fast zwanzig Bildungsjahren war das mehr als nur eine kleine Enttäuschung. Wir haben zu Hause nicht gefeiert. Ich habe viel geweint in diesen Tagen. Wie sollte es weitergehen? Als Mathematiker konnte ich natürlich irgendeinen Job in der Wirtschaft bekommen. Sicher hätte ich dort auch gutes Geld verdient. Etliche Kommilitonen hatten sich für diesen Weg entschieden. Aber ich wollte nicht nur ein festes Einkommen. Ich wollte Lehrer sein. Ich wollte an einer Schule mit Jugendlichen das Leben entdecken. Ich wollte gestalten.

Der Traum, vor Einschulung der Kinder als Familie für einige Jahre in die USA zu gehen, zerplatzte wenige Wochen später ebenso. Es lag nicht daran, dass unser dreijähriger Sohn mit Gehirnhautreizung im Krankenhaus lag, als ich von meinem erfolgreichen Bewerbungsgespräch beim Pädagogischen Austauschdienst (PAD) aus Stuttgart zurück nach Hause kam. Während meine Frau zu Hause bei den beiden anderen Kindern war, verbrachte ich einige Tage mit ihm in der Klinik. In Bildbänden über Kalifornien staunten wir über Mammutbäume und Wale im Pazifik. Wir bereiteten vor, welche Möbel wir verschenken würden, und schrieben lange Listen, welche Dinge unbedingt in unsere Koffer sollten. Wochen vergingen, aber nach der mündlichen Zusage folgte kein Vertrag des einstellenden *Local School Districts*. Schließlich gelang es mir, die private Telefonnummer des amerikanischen Mitarbeiters herauszubekommen. Kurz zuvor hatte er mir in Deutschland noch versichert, dass die Ausstellung des Vertrags nur eine unbedeutende Formalie sei. Als dieser mir dann aber sagen musste, dass es durchaus sein kann, dass es erst im kommenden Jahr etwas mit der Stelle wird, gaben wir den *American Dream* zugunsten der mittelhessischen Wirklichkeit auf. Aus reiner Neugier hatte ich mich dort im April beworben, anschließend monatelang nichts gehört. Dann kam im Juni völlig unerwartet eine Einladung zum Vorstellungsgespräch nach Gießen. Damals musste ich erst einmal auf der Landkarte suchen, wo genau sich diese Stadt befand. Aber rückblickend erwies es sich als gut, dass wir mit unseren drei Kindern für einige Jahre aufs Land gezogen sind. Das Mitgestalten einer im Aufbau befindlichen Schule bewahrte mich davor, meine Aufgabe jemals in dem Verwalten von Routinen eines eingefahrenen Systems zu sehen. Schulen sind Orte, an denen Innovation möglich ist. Es ist eines der Privilegien von Pädagog*innen, sich immer wieder neu den Fragen und Bedürfnissen der nächsten Generation zu stellen. Die nächste Generation zu befähigen, selbstwirksam zu kreativen Gestalter*innen zu werden, ist eine Herausforderung, der ich mich gerne immer wieder neu stelle.

Promotionsstudium an der Deutschen Sporthochschule Köln (2004–2010)

„Musst Du schon wieder zur Uni?" Nein – von „müssen" konnte nie die Rede sein. Hatte ich das Lehramtsstudium schon als großartige Gelegenheit betrachtet, mein Leben zu gestalten und eine berufliche Tätigkeit zu entwickeln, war das Promotionsstudium in ganz besonderer Weise geschenkte Zeit. Nachmittags zur Sporthochschule nach Köln zu fahren, dort im Grünen in der Mensa Mittag zu essen, dann mit interessanten und freundlichen Menschen in kleinem Kreis spannende Themen zu diskutieren, das war fast immer eine willkommene Abwechslung zu den täglichen Herausforderungen im schulischen Alltag. Drei- oder viermal im Jahr konnte ich an verlängerten Wochenenden zu Fachtagungen reisen, ein Semester lang war ich jeden Dienstag abends zur Vorlesung über „Emotionale Entwicklung und Regulation" bei Manfred Holodynski in Münster. Für das intensive Lesen und später das Schreiben war in den Ferien genügend Zeit. Von 2005 bis 2010 war ich in den Ferien häufig in einem einfachen Gästezimmer auf Amrum. Jedes Wetter war gut – Sonnenschein zum Radfahren, Schwimmen, Beachvolleyballspielen oder Fotografieren. Bei Wind und Regen konnte ich ausdauernd an der Promotion weiterarbeiten. Ich hatte keinen Zeitdruck, wollte irgendwann nach vier bis sechs Jahren fertig sein. So konnte ich jeden Ferientag gestaltend genießen.

2003 hatte ich damit begonnen, mich bei dem Sportwissenschaftler Jürgen Schwier an der Uni Gießen mit Geschlechterforschung zu beschäftigen. 2004 nahm ich zum ersten Mal mit einer Posterpräsentation an einer sportsoziologischen Tagung in Freiburg teil. Die Kommission der Deutschen Vereinigung für Sportwissenschaft wurde damals nach intensiver Diskussion gerade von „Frauenforschung" in „Geschlechterforschung" umbenannt. Seit 2019 heißt sie „Kommission für Geschlechter- und Diversitätsforschung". Ich erinnere mich noch gut an die Begrüßung 2004 in Freiburg: „Sehr geehrte Damen, lieber Herr." Dass wir in Wirklichkeit sogar zwei Männer im Raum waren, hatte der Begrüßende nicht bemerkt. Die mit Abstand meisten Teilnehmerinnen kamen aus Köln. Die wertschätzende und offene Art, die sie miteinander hatten, war auffällig. Nebenbei erfuhr ich, dass es an der dortigen Sporthochschule den einzigen sportwissenschaftlichen Lehrstuhl für Geschlechterforschung in Deutschland gab. Ein Glücksfall, dass es von meinem neuen Wohnort in Düsseldorf aus nur eine halbe Autostunde bis zur Sporthochschule war. Das Team um Ilse Hartmann-Tews nahm mich mit offenen Armen auf. Wie wohltuend ist es, akademisches Arbeiten in der Geborgenheit eines wohlwollenden Teams als herausfordernd erleben zu können. In unserem wöchentlichen Kolloquium debattierten wir bei einer guten Tasse Kaffee leidenschaftlich über die jeweiligen Arbeitsschritte unserer Dissertation. „Haben Sie alle Argumente notiert?" war stets die abschließende Frage an die/den Vortragende*n. „Schicken Sie uns doch einfach Ihr Protokoll, dann können wir ergänzen, falls etwas verloren gegangen sein sollte."

Neben vielen Frauen gab es auch einige wenige Männer, die sich schon zu dieser Zeit mit der Thematik befassten. Nils Neuber, damals noch Dozent in Bochum, beschäftigte sich schon seit einiger Zeit mit Jungen im Sportunterricht. Er nahm mich

2005 zum sportwissenschaftlichen Hochschultag nach Leipzig mit. In guter studentischer Manier fanden wir bei dem Sportpsychologen Alfred Richartz mit unseren Schlafsäcken Quartier. Die Abende konnten wir in seiner Wohnung bei einem guten Glas Wein mit Käse und edler Schokolade weit nach Mitternacht ausklingen lassen. So selbstverständlich wie diese beiden Männer sich mit diesen Fragestellungen beschäftigten, so fremd war dies damals noch für einige ihrer Hochschulkollegen. Auf dem Weg zum Treffen der Kommission Geschlechterforschung berichtete Nils, dass ihn einige Kollegen nach dem Mittagessen gefragt hatten, in welche Arbeitsgruppe er gehen würde. Seine Antwort: „Zur Geschlechterforschung" wurde mit einem entsetzten: „Aber Nils, Du bist doch ein echter Kerl!" von einigen nur mit großem Unverständnis zur Kenntnis genommen.

In einer qualitativen Studie untersuchte ich „Die Bedeutung von Emotionen und deren Ausdrucksformen für die soziale Konstruktion von Männlichkeiten im Schulsport". Mehr noch als erwartet, zeigten die adoleszenten Jungen im Hochseilgarten sehr unterschiedliche Verhaltensweisen und erklärten diese mit diversen Deutungsmustern. Sie erläuterten ihre Ausdrucksweisen in Mimik, Gestik und Sprache äußerst vielschichtig. Neben vielem anderen ist mein Blick für Diversität in diesen Jahren besonders geschult worden. Nicht nur im sportwissenschaftlichen Kontext möchte ich Vielfalt als Segen verstehen. Meine Aufgabe sehe ich auch darin, einengende Stereotype – wo immer sie auftauchen – zu hinterfragen und dazu beizutragen, dass sowohl einzelne Menschen aufblühen und sich entfalten können, als auch, dass Systeme wie Schulen über sich hinauswachsen und Möglichkeitsräume eröffnen.

Es war der Himmel auf Erden –
wir wussten es nur noch nicht.

Dorothée Ramminger, Flensburg – Abitur 1989

Wir dachten, es sei normal, es sei immer so.
1976 kam ich in die Schule und es war wunderbar! Wir sangen
„Hurra ich bin ein Schulkind …" und meinten es genau so!

Jetzt mag man denken, dass dies nun die nostalgisch ver-
klärten Gedanken des Älterwerdens und Zurückschauens
sind, aber rückblickend versteht der Erwachsene auch man-
ches, was das Kind einfach als gegeben nimmt. Meine Lehrerin
hieß Frau Sauer. Eine humorvolle Frau, die eine große Begeis-
terung für ihren Beruf, für das Leben und uns Kinder hatte,
die unsere Klasse einfach mit hineinnahm und ansteckte. Die
Schule war voller Überraschungen. Frau Sauer erklärte uns
die Welt und ganz selbstverständlich rüstete sie uns mit dem
aus, was wir brauchten: Lesen, Schreiben, Rechnen – es taten
sich Welten auf! Drei herrliche Jahre lang!

Als ich später, als Studentin, ein Praktikum bei ihr mach-
te und nachdem ich natürlich auch andere Dimensionen des
Schullebens durchlebt hatte, wurde mir klar, was diese Lehre-
rin so besonders machte: Sie hatte einen tiefen Respekt vor uns
Kindern, vor mir als Kind. Ich kann mich an keine Ungerech-
tigkeit oder Launenhaftigkeit erinnern.

Das führte aber auch dazu, dass unsere Klasse diesen Um-
gang miteinander hatte. Es gab vielleicht ein, zwei schräge
Vögel, aber sie waren keine Außenseiter. Jeder gehörte dazu.
Noch heute weiß ich alle Vor- und Zunamen meiner dama-
ligen Mitschüler auswendig. Frau Sauers Haltung hat mich
sehr beeindruckt. Im Laufe meines Schullebens habe ich im-

mer wieder danach gesucht. Manchmal habe ich sie gefunden, manchmal nicht.

Ich wusste immer, dass jeder aufblühen kann, wenn dieser Respekt, dieses grundsätzliche Zutrauen und diese Freude da sind. Lernen geschieht dann ganz selbstverständlich. Besonders beeinflusst hat mich diese Erfahrung bei der Auswahl der Schule unserer Kinder.

Meine weitere Schullaufbahn war dann sehr von extremem Leistungsdruck und einer stark ideologischen Ausrichtung der Schule geprägt, wodurch ein Gefühl der Entfremdung entstand. Dieses Gefühl war manchmal fast schmerzhaft. Das wollte ich für meine Kinder einfach nicht. Ich wusste, dass Schule anders sein kann, und das geht nicht nur, aber doch sehr auf meine allererste Lehrerin, Frau Sauer, zurück!

In meiner Abiturprüfung wurden wir von Lehrern einer anderen Schule geprüft. Wir kannten sie nicht und hatten sie noch nie vorher gesehen. Die spezielle Situation in dieser Privatschule war sehr herausfordernd. So ging ich auch höchst angespannt in meine mündliche Physikprüfung. Es ging mehr schlecht als recht. Der Prüfer hieß Herr Sauer. Am Ende sagte er zu mir: Sie waren doch Schülerin meiner Frau in der Grundschule – ich soll sie herzlich grüßen und Ihnen alles Gute wünschen.

Schüler*innen Türen öffnen

Education is not the learning of facts,
but the training of the mind to think.

Albert Einstein

Beziehungspädagogik der geöffneten Tür

Für das Ankommen der Jüngsten haben wohl alle Schulen eigene Rituale entwickelt. Mit welchen Botschaften sollen diese Menschen an dem Ort begrüßt werden, der für die nächsten Jahre so viel Raum in ihrer Entwicklung einnehmen wird? Statistisch gesehen erleben viele Schüler*innen gravierende Veränderungen in den Jahren ihrer Schulzeit, sodass die Routinen dort stabiler sind als manch häusliche Verhältnisse. Gerade für die, bei denen es zu Hause schwierig ist, die weder wohltuende Verwandte haben, noch eine gesunde Vereinskultur erleben oder in einer lebendigen Kirchengemeinden Halt finden, bedeutet das, was sie in Schule erleben, so viel mehr als das dort vermittelte Wissen. „Ein Zuhause in der Fremde"[1] betitelt Norbert Kron seine beeindruckende Schilderung der Bialik-Rogozin-Schule in Tel Aviv. Was er für Geflüchtete und Kinder von Einwander*innen beschreibt, hat in ähnlicher Weise an vielen Schule bei uns Bedeutung.

---

[1] Norbert Kron, Ein Zuhause in der Fremde, Gütersloh 2017

Natürlich geht es in den ersten Tagen vor allem darum, einander kennenzulernen, Zeit zu haben, um als Gruppe zusammenzufinden. Klassenleitungen brauchen Gelegenheiten, um sensibel und klar zu kommunizieren, in welcher Art und Weise sie miteinander umgehen wollen. Daher gab es auch am FCG in Düsseldorf immer viele gemeinsame Stunden, in denen es um keinerlei fachliche Inhalte ging. Der Klassenraum wurde Schritt für Schritt miteinander gestaltet. Darüber hinaus ging es aber auch darum, sich als Teil der Schulgemeinschaft zu verstehen, sich im Gebäude zu orientieren und Personen kennenzulernen, mit denen man im schulischen Alltag mehr oder weniger viel zu tun haben würde. Der Besuch des Sekretariats gehört daher ebenso dazu wie ein ausführliches Treffen mit dem Hausmeister. Die Bedeutung dieser Schlüsselpersonen für eine lebensfrohe Schulgemeinschaft kann kaum überschätzt werden. Durch diese Begegnungen erlebten unsere Schüler*innen von Anfang an, dass respektvoller Umgang sich keinesfalls nur auf Schüler*innen und Lehrer*innen beschränken lässt. Neben den sachlichen Informationen, die die Neuankömmlinge erhielten, war es auch hier der Ton, in dem man miteinander sprach, der von gegenseitiger Wertschätzung zeugte. Nach einigen Tagen kam dann auch jede neue Klasse in mein Büro. Wir saßen gemeinsam auf dem Boden. Die Schüler*innen brachten vorbereitete Fragen mit. Einige platzten mit dem heraus, was ihnen spontan noch einfiel. Meinerseits stellte ich interessierte Fragen. Ich erzählte das eine oder andere, was mir für die jeweilige Gruppe passend erschien. Es war mir wichtig, dass sie mich nicht nur als Redner von offiziellen Veranstaltungen sahen. Sie sollten mein Büro als einen freundlichen Ort kennenlernen, an dem sie willkommen waren. Später sprach ich jeweils mit den Kolleg*innen, wie dieser Besuch für die Kinder gewesen sei. Eine meinte daraufhin: „Es hat ihnen viel Spaß gemacht." Dann ergänzte sie scherzend:

„Es gibt nur ein Problem. Sie haben jetzt keine Angst mehr vor Dir." Was uns als selbstverständlich galt, ist vermutlich an etlichen anderen Schulen nicht einmal gewollt. Wenn es mir als Schulleiter um das Wohl der Kinder und Jugendlichen geht, dann ist es doch nur natürlich, wenn diese positive Grundhaltung auch ausgedrückt wird. Mir ist noch gut in Erinnerung, wie ich als junger Lehrer bei einem Sportfest zu Gast in Reutlingen war. Ein Kollege der gastgebenden Hauptschule berichtete von deren Absolventen, die in ihren Abschlussreden jedes Jahr aufs Neue ihren Schulleiter lobten: „Der Otto Schaude, das ist unser Mann." Wie schön wäre es, wenn solches Lob über Schulleiter*innen viel öfter zu hören wäre.

Einzelnen Kindern bin ich oft für Monate nicht begegnet. Aber durch diese positive Grundeinstellung konnten alle sicher sein, dass auch ich als Schulleiter auf ihrer Seite war. Meine Tür war eigentlich immer offen. Morgens schauten manche kurz herein. Sie erzählten mir ein Erlebnis vom Wochenende. In den Mittagspausen war es manchmal etwas, das gerade Sorgen bereitete. Fast alle lernten schnell, nicht immer alles sofort zu erzählen. Sie wurden fähig, selbst Lösungen zu finden, oder lernten, dass es oft andere Ansprechpartner*innen gab, die ihnen kompetenter helfen konnten. In erster Linie haben sie jedoch mitbekommen, dass wir Lehrer*innen zuhören konnten, dass es jeder und jedem von uns darum ging, dass nicht nur ihre Schulzeit, sondern ihr Leben insgesamt gelingen soll. Unsere Zuwendung war nicht von ihren Leistungen abhängig. Wir waren bedingungslos für sie da. Die Ärztin und Autorin Rachel Naomi Remen erzählt in einem ihrer Bücher, wie sie als Kleinkind von ihrem Großvater lernte, täglich einen Topf mit Erde zu gießen, bis eines Tages zu ihrer großen Überraschung das erste zarte Grün aus dem Boden wuchs. Sie berichtete ihm strahlend über dieses Wunder und fragte: „Und es braucht nur ein bisschen Wasser, Großvater?"

Dieser legte darauf sanft die Hand auf ihren Kopf und antwortete: „Alles, was es braucht, ist Deine Zuverlässigkeit."[2]

Wir mischten uns nicht in alles ein. Aber wir alle waren stets
für sie da, wenn sie uns suchten.

Wir waren für sie – nicht gegen sie.

> „In der Grundschule werden Kinder unterrichtet, am Gym-
> nasium dagegen Fächer."

Wenige Sätze bringen so prägnant zum Ausdruck, was leider an
etlichen Schulen grundsätzlich schiefläuft. Ich erinnere mich
nicht, wo ich den Satz zuerst gehört habe. Als Schulleiter in
Düsseldorf habe ich ihn sehr oft zitiert und betont, dass wir in
dieser Hinsicht kein Gymnasium seien. Es ging uns immer um
Menschen. Auch wenn die Inhalte vieler Lehramtsstudiengänge
immer noch solche Formulierungen zu rechtfertigen scheinen,
drückt die Betonung, dass es im Gymnasium um Fächer geht,
nicht nur ein pädagogisches Missverständnis aus, sondern ver-
gisst, dass neben vielem, was sich vor allem fächerverbindend
und fachübergreifend erarbeiten lässt, auch etliche andere Kategorien in unserem Bildungsauftrag gibt, die unabhängig von Fächern bedeutsam sind (Teamfähigkeit, Verantwortungsbewusst-
sein, Achtsamkeit und Resilienz seien nur beispielhaft genannt).
Als letzte seiner zwölf Thesen nennt der Schriftsteller Norbert
Kron ein Zitat Eli Nechamas, des Leiters der Bialik-Rogozin-
Schule in Tel Aviv:

> „Sei ein Mensch. Ein Mensch zu sein ist wichtiger als Mathe-
> matik."[3]

---

[2]   Rachel Naomi Remen, Aus Liebe zum Leben, Freiburg i. Br. 2015, S. 10.
[3]   Norbert Kron, Ein Zuhause in der Fremde, Gütersloh 2017, S. 215.

Der begnadete Schulleiter, so Kron, „versteht sich selbst als Zirkusdirektor oder Intendant eines Schauspielhauses, der seine Schule wie ein großes und spektakuläres Theater leitet."[4] Mir gefällt diese vermeintlich spielerische Leichtigkeit dieser Bilder. Nicht nur in der von Eli Nechama geleiteten Schule im Süden Tel Avivs, deren Erfolge in der Integration von Einwanderern weltweit als vorbildlich gelten, gibt es jede Menge Verwaltungsarbeit, anstrengende Routinen, abzuarbeitende Formalitäten für Behörden sowie Rückschläge und Enttäuschungen. Aber die Betonung bei dieser Selbstsicht liegt auf dem Schönen, auf dem, was gelingen kann, wenn man sich als Menschen gemeinsam auf den Weg macht.

Nicht selten erlebt man durch das Betonen der Fächer auch einen ungesunden Wettbewerb zwischen einzelnen Fachbereichen. Welches Fach ist für die Allgemeinbildung bedeutender? In welchem Fach erlangen die Jugendlichen Kompetenzen, die sie in besonderer Weise für den Wettbewerb in der freien Wirtschaft qualifizieren? Dies sind vergleichende Alternativen mit Zielformulierungen, die man zumindest auch hinterfragen kann. Nicht selten geschieht es, dass sich das eine Fach auf Kosten des anderen profilieren will. Ich habe es als sehr wohltuend erlebt, wenn die naturwissenschaftlichen Lehrer*innen die Theateraufführungen besuchten und am nächsten Tag begeistert erzählten. Was für eine Freude, wenn die Philosophie- und Geschichtslehrer*innen vom Konzert des Schulorchesters schwärmen oder sich die geisteswissenschaftlichen Kolleg*innen an den Erfolgen bei dem Wettbewerb Jugend forscht freuen. Es zeigt etwas von der Fähigkeit, über den eigenen Tellerrand zu blicken. Wie gut, wenn es ganz natürlich ist, auch an den besonderen Terminen meiner Schule teilzunehmen, die nicht zu meinem Fachbereich

---

4   Norbert Kron, Ein Zuhause in der Fremde, Gütersloh 2017, S. 52.

gehören. Die Freude an den von mir unterrichteten Fächern muss keinesfalls dazu führen, dass ich nicht auch Augen für andere Bereiche des Lebens habe und diese anerkennend wertschätze. Auch Schüler*innen können sehr wohl zwischen dem leidenschaftlichen Engagement für das eigene Tun und einseitigem Fanatismus bzw. narzistischer Selbstverliebtheit in die eigenen Lieblingsthemen unterscheiden. Als Student in den ersten Semestern habe ich in einer Kolumne des Sportwissenschaftlers Meinhart Volkamer von der Didaktik der grünen Männchen gelesen. Diesen Text habe ich häufig Referendar*innen in die Hand gedrückt und freue mich, ihn mit Erlaubnis des Autors hier, mehr als vierzig Jahre nach dem Erscheinen, abdrucken zu dürfen. Die Fähigkeit, das eigene Tun ironisch zu betrachten, scheint mir nicht nur für Sportlehrer*innen eine gute Basis zu sein. Es ist, rein rational betrachtet, natürlich sinnlos, einen Basketball in einen Korb zu werfen, der ein Loch hat, sodass der Ball wieder zu Boden fällt. 400 m möglichst schnell zu laufen, um an den gleichen Punkt zurückzukehren, von dem man gestartet ist, ergibt auch nicht mehr Sinn. – Aber es macht einfach Spaß! Basketball spielen kann so großartig sein! Schnell laufen zu können, ist ein Freude! Das Gleiche gilt für brillantes Musizieren, das Rechnen mit komplizierten Formeln, Entdecken gesellschaftlicher Zusammenhänge oder historischer Prozesse. Schule kann ein Ort sein, an dem Menschen all dies – für sich – entdecken und Freude daran haben können.

Plädoyer für eine neue Didaktik[5]

Meinhart Volkamer

In einem Überblick über zzt. vorhandene didaktische Richtungen kommt K. Widmer zu einer imponierenden Aufstellung: Es gibt Bildungstheoretische Didaktik, Lerntheoretische Didaktik, Curriculumforschung, Kommunikative Didaktik und so fort, insgesamt kommt er auf 19 verschiedene Theorien, Richtungen und Trends.

Die Sportdidaktik ist die Lehre vom Unterrichten des Sporttreibens. Nur – vielleicht ist das mein persönliches Pech – finde ich in keiner der Didaktiken mein eigenes Sporttreiben wieder, finde nichts, was überhaupt die Tatsache, daß Sport getrieben und Sport unterrichtet wird, erklären könnte.

Mal ehrlich: mir macht Sport Spaß; und wenn ich keine Lust mehr habe, gibt es für mich kein sinnvolles Argument, das mich dazu veranlassen könnte, einen Speer in die Landschaft zu werfen; ich muß ihn ja doch wieder holen, und je weiter ich werfe, desto weiter muß ich laufen, um ihn wiederzubekommen. Spaß ist nicht nur so etwas wie ein Witz; auch hart trainieren oder mich bis an den Rand meiner Kräfte verausgaben, kann ein lustbetontes Ereignis sein, das mich unmittelbar befriedigt.

Wenn in einer „Einführung in die Sportdidaktik" (1977) auf 330 Seiten an einer einzigen Stelle in einem Nebensatz angemerkt wird, daß Spielen im Sportunterricht als die Anwendung des Gelernten „meist in einer freudvollen Atmosphäre stattfindet", dann muß hier von einem anderen Sport die Rede

---

5 Meinhart Volkamer, Plädoyer für eine neue Didaktik, in: sportpädagogik 1/1979, S. 2

sein, jedenfalls nicht von dem Sport, den ich und meine Bekannten treiben. – Spaß und Freude spielen in unseren Didaktiken offenbar keine Rolle.

Nun, Sport und Schulsport sind eben nicht dasselbe; Sport, den ich in der Freizeit treibe, das ist Spaß, und Schulsport, das ist Ernst. Spaß und Ernst schließen einander aus. Richtig. Richtig? Nein, falsch: Ich treibe meinen Sport auch mit großem Ernst, Einsatz, Kraft- und Kostenaufwand, – weil und so lange er Spaß macht. In keiner der gängigen Didaktiken habe ich eine einzige Begründung gefunden, die einem Schüler einsichtig machen könnte, weshalb er mit größtem Kraftaufwand 400 Meter laufen sollte, um genau dorthin zu kommen, wo er eben losgelaufen ist, – oder warum er eine Kippe lernen sollte, um mit dieser komplizierten Bewegung auf eine Stange raufzuturnen, auf der absolut nichts los ist.

Ich glaube, unseren Didaktiken fehlt die Fähigkeit, den Sport (und sich selbst) ernst und zugleich nicht ernst zu nehmen; es fehlt das Eingeständnis der Tatsache (oder die Auseinandersetzung mit ihr), daß es objektiv idiotisch ist, 400 Meter zu laufen, wenn es keinen Spaß macht, und daß Spaß der einzige wirkliche Grund ist, das zu tun; es fehlt die Fähigkeit, den Sport und das eigene Sporttreiben ironisch zu betrachten.

In der Ironie distanziere ich mich von dem unmittelbar-subjektiven Sinnerlebnis der sportlichen Tätigkeit und qualifiziere es an der objektiv-sächlichen Welt als sinnlos – aber ohne die Unmittelbarkeit des subjektiven Erlebnisses zu verwerfen oder zu verlieren. Die Ironie kann den Gegensatz zwischen subjektiver Sinnhaftigkeit und objektiver Sinnlosigkeit auf einer höheren Ebene aufheben und beide miteinander verbinden. Ironie ist die Haltung dessen, der Handelnder und Beobachtender zugleich ist. Ironie verhindert einen blinden Aktionismus, der sich nicht über die bloße sportliche Reali-

sierung erheben kann, und verhindert das Übergewicht der Rationalität, das die sportliche Aktion verhindert.

Ironie: Wenn bei der Olympiade in Melbourne die drei favorisierten Amerikaner im Kugelstoßen um eine Cola wetten, wer die Goldmedaille bekommt. Jahre quälenden Trainings werden auf den Wert einer Cola reduziert, der 400-Meter-Läufer, der unter Aufbietung aller Kräfte einmal im Kreis läuft, führt die Rationalität ad absurdum, – der Kritiker, der ihn fragt, warum er sich so angestrengt habe, er hätte doch einfach gleich dort bleiben können, führt den Sport ad absurdum. Die Ironie erkennt beide Positionen als gleichberechtigt an und hebt die Absurdität beider Positionen in der Integration auf. Ironie ist die Fähigkeit, eine Sache distanziert zu betrachten, ohne sich von ihr zu distanzieren, ist die Fähigkeit, bewußt Überflüssiges zu tun und bei der größten Anstrengung zugleich über sich selbst zu grinsen.

Diese ironische Grundstruktur des Sports (wieder eine neue „Grundstruktur", darf nur unter meinem Namen zitiert werden!) muß auch im Schulsport aufzufinden sein, sonst wird er entweder für den Lehrer oder für den Schüler komisch und sinnlos. (Ersteren bewahren die Didaktiker vor der Sinnlosigkeit, aber wer schützt die Schüler?)

Ironie im Schulsport wird verkörpert durch jene beiden berühmten (und hiermit auch endlich zitierfähig gewordenen) „kleinen grünen Männchen", die links und rechts auf der Schulter des Sportlehrers sitzen (sollten). Das eine Männchen sagt: „Los, streng dich an und überleg dir, wie du auch dem letzten Klassentrottel Spaß an der Kippe beibringen kannst, das ist für das Kind unheimlich wichtig." Das andere grüne Männchen tippt dir gleichzeitig an die Stirn: „Nimm das doch nicht so ernst, es ist doch völlig egal, ob der Junge die Kippe kann; deswegen ist der Junge keinen Deut mehr oder weniger wert." Das eine Männchen treibt dich zum Zusammenbruch, weil da ein Schüler den Felgumschwung nach x Stunden noch immer nicht kann, – das andere Männchen richtet dich wieder auf: „Vergleich dich doch mal selbst mit Gienger!"

Die Ironie bedeutet für den Schüler: Es ist für mich (und den Lehrer) unheimlich wichtig, daß ich noch 30 Zentimeter weiter springe, – aber wenn ich das nicht schaffe oder wenn ich überhaupt nicht springe, dann ändert sich absolut nichts.

Einen hoch engagierten Unterricht geben und trotzdem wissen, daß die Inhalte und die effektiven Leistungen völlig gleichgültig (und gleich gültig) sind, – mit ganzem Ernst und beruflichem Einsatz daran arbeiten, daß den Schülern der Sport Spaß macht, – das verlangt ironische Distanz. Ist nur eins der grünen Männchen da, wird der Sportunterricht entweder zur läppischen Spielerei oder umgekehrt zum sinnlosen Drill überflüssiger Fertigkeiten. Ironie ermöglicht Engagement im zweckfreien und objektiv Sinnlosen, ohne dieses Engagement der Lächerlichkeit preiszugeben.

Gemeint ist hier nicht die Ironie des Nicht-Könners, der – um sein eigenes Nicht-Können nicht dem Gelächter auszusetzen – das Engagement und die Anstrengung des Könners in seiner objektiven Sinnlosigkeit in Frage stellt. Die Ironie, die hier gemeint ist, ist auf mich selbst und nicht auf andere gerichtet.

Ironie sich selbst und dem Sport gegenüber ist die Bedingung für eine Entschulung des Sports, der damit zu einer Vermenschlichung der Schule beitragen kann. Sie ermöglicht es dem Lehrer, den Sport aus den Augen des Schülers zu sehen und gleichzeitig die fachlichen Ansprüche der Schule zu berücksichtigen, – sie legitimiert den Sportunterricht.

Wenn ich hier für eine neue Didaktik plädiere (nach Widmers Zählung wäre es die 20.), dann braucht das Kind *auch einen Namen: „relative, relativitionistische, ironische, schizophrene Didaktik?". Das wären alles Möglichkeiten, aber ich finde „Didaktik der grünen Männchen" besser; der Name ist so dämlich und umständlich, daß er bestimmt nicht in einer ernsthaften Didaktik verwissenschaftet wird und damit seine Ironie verliert.*

Transparente Strukturen schaffen – Spontan Zeit für Einzelne haben

Wir waren weniger als 300 Schüler*innen und keine 30 Pädagog*innen, als ich 2007 Schulleiter in Düsseldorf wurde. Wenige Monate später sollten wir in einen riesigen Neubau einziehen. Man kannte einander. Aber es war auch klar, dass wir recht schnell wachsen würden. Da uns persönliche Nähe wichtig war, standen wir vor einer Herausforderung. Das Gebäude gab uns bezüglich der Schülergruppen eine einfache Strukturierung vor. Der Grundriss glich einem am Boden liegenden Buchstaben E. Während in einem der „Ärmchen" des Buchstabens im Erdgeschoss die Mensa, darüber das Selbstlernzentrum mit der Bibliothek lag, waren in den anderen beiden „Ärmchen" jeweils vier Klassenräume für eine Jahrgangsstufe sowie ein geräumiges Arbeitszimmer für Lehrer*innen. Diese räumliche Nähe der Schüler*innen eines Jahrgangs untereinander erwies sich als enorm günstig, zumal auch die Lehrer*innen, die vorwiegend dort unterrichteten, gerade dort ihren Arbeitsplatz hatten. Die Wege waren kurz. Man sah sich häufig. Man kannte einander. Gerade für die jüngeren Schüler*innen war es ideal, in dem großen Gebäude einen Ort der Geborgenheit zu haben, zu dem sie von den vielfältigen Angeboten immer wieder zurückkehren konnten.

Andere Strukturen schulischen Lebens mussten erdacht und entwickelt werden. Wie können Schüler*innen sich so organisieren, dass sie Raum und Zeit haben, sich für ihre Belange einzusetzen? Wie können wir Freiräume schaffen, damit einzelne Teams miteinander planen, handeln und evaluieren können? Es war ein nicht immer einfacher Prozess, miteinander abzustimmen, wer bei welchen Prozessen beratend oder entscheidend mit dabei sein wollte und sollte. Es gab Missverständnisse und Wege, von denen wir nach einer Weile wieder abgebogen sind. Auch wenn wir uns stets als große Schulgemeinschaft verstanden haben, haben wir bald erkannt, dass nicht immer alle bei allem mitreden müssen. Vertrauen wuchs, dass Fachgruppen sowie eingesetzte und gewählte Teams im gegebenen Rahmen entscheiden und Schule weiterentwickeln durften.

Wir lernten Sitzungen gut zu strukturieren, vor allem auch, sie zeitlich zu begrenzen. Insgesamt lief es immer dann wirklich gut, wenn es neben den offiziellen Sitzungen immer wieder Zeiten gab, mit der einen oder anderen beim Tee oder Kaffee über Gott und die Welt zu reden. Freundliche Begrüßungen, ermunternde Worte, anteilnehmendes Zuhören, kurze Absprachen, unkomplizierte Mitteilungen oder auch Verabredungen für einen längeren Austausch im Laufe des Tages bzw. – wenn es für beide Seiten warten konnte – dann auch für später. Die Pausen versuchte ich von Terminen frei zu halten. Einerseits brauchen die Kolleg*innen die Zeit zum Erholen, andererseits waren es für mich Gelegenheiten, einfach unterwegs zu sein – auf dem Schulhof, in den Gängen, im Lehrerzimmer ... „Walk the floor" nannte einmal ein amerikanischer Kollege diese auch von ihm geübte Praxis. Es geht darum, möglichst viel mit den Menschen in Berührung kommen zu können – ungeplant, nicht fixiert auf ein Thema, einfach nur da zu sein. Glückliche Begegnungen und Resonanz lassen sich nicht erzwingen. Aber man kann physische und zeitliche Räume schaffen, in denen sie sich ereignen können.

Einfach Spaß beim Fußballspielen haben

Abiturfeiern entwickeln an allen Schulen leicht variierende Muster. Rückblicke, Ehrungen, Reden (von unterschiedlicher Länge und Qualität), aufwendiges Essen, Kurzfilme, Foto-Rückblicke, Musik zum Tanzen, Getränke. Natürlich kann man nicht auf jedes Ereignis, nicht einmal auf jeden Kurs eingehen. Wie an wohl den meisten Schulen war es auch am FCG in Düsseldorf üblich, dass die Leistungskurse sich bei ihren Lehrer*innen bedankten und häufig in sehr humorvoller Weise das Publikum daran teilhaben ließen, was ihnen in besonderer Erinnerung geblieben war. Es gab kunstvolle Gedichte, fantasievolle mathematische Formeln, getanzte oder in Liedform vorgetragene Beiträge sowie viele liebevoll ausgewählte Geschenke: einen riesigen Findling für den Garten des Geografielehrers, einen Gutschein für einen Helikopterflug, eine Anstecknadel „Sancho und Pancho" für einen Fan der Serie aus Kindertagen oder auch einen Gutschein für einen Tag als Tierpfleger im Zoo (für einen Biolehrer). Schüler haben Elefantengedächtnisse, wie eine Kollegin es liebevoll ausdrückte. Sie zeigten, dass sie neben fachlichen Inhalten noch viel mehr wahrgenommen hatten. Dies wollten und konnten sie dankbar zum Ausdruck bringen.

In all den Jahren gab es nach den Ehrungen der Leistungskurslehrer*innen noch einen Kollegen, dessen Tun von den meisten wohl überhaupt nicht bemerkt wurde. Peter Lindhorst hatte jeden Freitag nach Unterrichtsschluss für zwei Stunden in der Sporthalle Fußball gespielt. Peter hatte kein Sportstudium absolviert. Es gab keine Trainingseinheiten. Die Gruppe hat nie an Wettbewerben teilgenommen. Es gab keine Mannschaftstrikots. Zu allem Überfluss war Peter bekennender Fan des 1. FC Köln. Ein Makel, den Düsseldorfer Jugendliche nur schwer verzeihen können.

Irgendwann hatten einige Schüler gefragt, ob man die freie Hallenkapazität nicht dafür nutzen kann. Keiner der Sportlehrer*innen hatte Zeit dafür. Peter nutzte die Gelegenheit. Weil der Andrang so groß war, gab es bald zwei Gruppen, die jeweils für 60 Minuten Fußball spielten – einfach nur Fußball spielten. Von keiner Kommission geplant, von vielen kaum bemerkt, entwickelte sich dieser Treffpunkt für viele zu ihrem Highlight der Woche. Natürlich fühlten sich die Fußballer, deren Muttersprache nicht Deutsch war, hier besonders wohl. Integration brauchte hier kein ausgefeiltes Konzept. Da waren vom Fußball Begeisterte. Mit Peter gab es einen, der ihrer Begeisterung Raum bot. Meine einzige Aufgabe als Schulleiter bestand darin, dem Kollegen die zwei Stunden als Arbeitsgemeinschaft anzurechnen – und mich immer wieder einmal an dem Spielen der Gruppe zu freuen.

„Alte Herren" – Ein Schüler lässt ein Fach neu aufleben; Eltern unterstützen großzügig

Theater gewinnt zwar an vielen Schulen zunehmend an Bedeutung, führt aber insgesamt immer noch ein Schattendasein. Oft haben Musik- und Kunstlehrer*innen Angst, dass sie von ihren Stunden etwas abgeben müssten. Daher braucht es meist glückliche Umstände, die das Fach aufblühen lassen und ihm Raum in der breiten Bildungspalette einer Schule geben. In Düsseldorf war es ein Schüler, der bei einem Lehrer auf offene Ohren stieß. Dieser erkannte das Potenzial. Er förderte damit nicht nur den

Einzelnen, sondern etablierte ein Fach und entwickelte es. Inzwischen ist das Fach Theater eines der Aushängeschilder der Schule. Der ehemalige Schüler, Alexander Vaassen, hat an der Schauspielschule Ernst Busch in Berlin studiert. Er tritt als Schauspieler bei Ulrich Rasche und anderen namhaften Regisseuren auf. Derzeit studiert er Regie an der Folkwang-Universität. Das Fach Theater wird am FCG Düsseldorf seit Jahren im Wahlbereich ab Klasse 5 angeboten. Es wird bis in die Oberstufe von einem Team engagierter Kolleg*innen in unterschiedlichen Formaten fortgeführt. Längst haben auch andere Fachbereiche die Möglichkeiten erkannt. So ging eine Italienischreferendarin auf den Wunsch ihres Grundkurses ein, anstelle einer Klausur ein Stück zu inszenieren und auf die Bühne zu bringen. Fast alle konnten Vorerfahrungen aus dem Theaterunterricht einbringen. Nicht nur der Fachseminarleiter lobte den kreativen Ansatz. Er bekräftigte, dass auch im 2. Lernjahr solche Unterrichtsformen gewünscht, aber leider viel zu selten praktiziert werden.

Für die jüngeren Klassen gab es immer wieder einmal eine Theater-AG. Als Schüler des 9. Jahrgangs gab Alexander einem Kollegen den Entwurf für sein selbst geschriebenes Theaterstück „Alte Herren". Dieser las es, gab Rückmeldung, sie bastelten an Charakteren und Szenen. Sie fanden Schüler*innen, die mitspielen wollten, sowie eine unterstützende Kollegin. Die Quereinsteigerin hatte vorher Schauspiel und Kommunikationswissenschaften studiert. Sie hatte selbst erfolgreich als Schauspielerin gearbeitet und entdeckte auch über dieses und andere Theaterprojekte ihre Begeisterung, als Lehrerin tätig zu sein. Alles, was ich als Schulleiter noch tun konnte, war ihnen die Türen zu öffnen, sie zu ermutigen und dankbar zu bewundern, was sich dort entwickelte.

Wir sprechen in Schulen oft davon, über welche Kanäle Kinder lernen. Wir halten uns für vielseitig, weil wir von optischen wie akustischen Kanälen wissen und differenzierte Methoden der Instruktion entwickeln. Es ist gut, dass wir diese Vielfalt bewusst nutzen und nicht meinen, mit dem „Nürnberger Trichter" Kinder abfüllen zu können. Aber es geht eben in Schulen nicht nur um Instruktion. Es geht auch darum, dass Kinder und Jugendliche konstruieren, dass sie selbst etwas gestalten. Das Sich-etwas-Aneignen ist eine Perspektive, das Gestalten und Zum-Ausdruck-Bringen eine andere. Theaterspielen kann beides in besonderer Weise verbinden. Da gilt es historisch-gesellschaftliche Hintergründe des Stückes zu erfassen, Techniken in Sprache, Mimik und Gestik zu trainieren, Bühnenbild, Licht und Ton sinnhaft gestalterisch zu nutzen. Expert*innen sind gefragt, damit so ein Kunstwerk entstehen kann. Gleichzeitig sind aber auch alle Mitwirkenden als Schauspieler*innen und hinter der Bühne gefragt mit ihrer Persönlichkeit, das Werk lebendig werden zu lassen.

Natürlich tut der tosende Beifall nach einer Premiere gut. Wenn man nach etlichen Aufführungen auf der schulischen Bühne erstmals auch im Theatermuseum Düsseldorf in einem richtigen Theatergebäude erfolgreich aufgetreten ist, dann wächst das Selbstbewusstsein noch ein Stück mehr. Was sich aber letztlich für jeden der Einzelnen in diesem Prozess ereignet, das bleibt für den Betrachter von außen oft nicht sichtbar. Offensichtlich aber ist, dass da junge Menschen Spaß am Gestalten haben, dass sie zum Teil monatelang ausdauernd im Team an etwas arbeiten, das sie als ihr Eigenes verstehen und an das sie sich auch viele Jahre nach dem Ende ihrer Schulzeit mit Freude erinnern.

Da das Fach Theater bei der Gründung der Schule nicht mitgedacht war, gab es weder Probenräume noch eine besonders ausgestattete Bühne. Für die großen Aufführungen konnten wir die Mensa mit einigem Aufwand und viel Kreativität jeweils für die entsprechenden Aufführungen einrichten. Aber mit dem Wachsen des Fachbereichs brauchten wir Räume, die wir zumindest auch für Proben und kleinere Stücke mitnutzen konnten. In einem der Kunsträume entstand eine kleine Studiobühne. Für die erste Aufführung dort brauchten wir kurzfristig Verdunkelungsmöglichkeiten. Oliver Anderhub, einer der engagierten Eltern, war in der Textilbranche tätig. Er wollte uns schwarzen Molton besorgen, der den Brandschutzvorschriften entsprach. Weil der Premierentermin bevorstand, holte Herr Anderhub den Molton persönlich bei der produzierenden Firma ab und brachte ihn kurzfristig zu uns an die Schule. „Emanuel", bat ich einen meiner Schüler, die ich gerade unterrichtete, als ich die SMS erhielt, dass das Auto in wenigen Minuten hinter dem Gebäude ankommen würde, „geh bitte auf den Parkplatz. In fünf Minuten kommt ein offener schwarzer Sportwagen mit dem Molton. Nimm das Paket bitte und trage es in die Studiobühne." – „Sie wollen mich doch auf den Arm nehmen!", war die Antwort des verblüfften Schülers. Aber da ich die Aufforderung wiederholte, ging er – ungläubig – und berichtete kurze Zeit danach von der für ihn völlig unerwarteten Lieferung.

Als die Kolleg*innen der naturwissenschaftlichen Fächer von den Verdunkelungsmöglichkeiten hörten, kam der Wunsch auf, dass auch ihre nach Süden gelegenen Räume solche Vorhänge erhalten sollten. Beim Neubau waren dort Außenrollos angebracht worden. Der am Dach montierte Windmelder ließ diese jedoch häufig automatisch hochfahren. Die Firmen T-TEC GmbH und SETEX erwiesen sich als großzügige Sponsoren, meine Tochter schnitt die gelieferten Ballen auf die richtige Länge und nähte Gardinenband ein. Die Hausmeister besorgten und montierten über 50 m Gardinenleisten. So konnte nach kurzer Zeit durch das Engagement vieler ein Problem gelöst werden, das zuvor für einige Jahre als vermeintlich unabänderlich hingenommen worden war.

Talent ist Interesse (Brecht)

Alexander Vaassen – Abitur 2012

Brecht hat geschrieben (oder gesagt): Talent ist Interesse. Als ich 2014 an die Hochschule für Schauspielkunst Ernst Busch nach Berlin ging, hatte ich, anders als die meisten meiner Mitbewerber*innen, in keinem Jugendklub mitgewirkt, keine Erfahrungen in professionellen Produktionen gesammelt, nirgendwo assistiert. Ich hatte in Klassenzimmern geprobt, eigene Texte in der Mensa meines Gymnasiums umgesetzt, aufgeführt, auf Reisen geschickt. Nach dem Abitur, während ich mich deutschlandweit an den staatlichen Schauspielschulen bewarb, mal hier, mal da in die erste, zweite, dritte von x Bewerbungsrunden trudelte, an deren Ende man endlich irgendwo aufgenommen würde, holte ich dieses „Defizit" nicht nach: Ich probte stattdessen in den Räumlichkeiten einer kleinen Gemeinde in einem Düsseldorfer Hinterhof gemeinsam mit Freund*innen, Mitstreiter*innen, Mitbewerber*innen auf die wenigen heiß begehrten Plätze, ehemaligen Klassenkamerad*innen, einem ehemaligen Lehrer. Stoffe, die mich interessierten, fernab irgendwelcher von oben oder außen bestimmten (ästhetischen) Vorgaben. Nur die Lust und das Interesse waren ausschlaggebend. Am Ende spielten wir jedes Stück drei bis fünf Mal und die Stücke waren immer sehr gut verkauft. Beide Räume, die Klassenzimmer wie auch die kleine, eigentlich für Bands gedachte Bühne in der Hinterhof-Gemeinde, hat mir im wahrsten Sinne des Wortes Uli Marienfeld geöffnet. Oder besser: Er hat die Türen zu diesen Räumen verheißungsvoll offen gelassen. Es war ein Angebot, keine gönnerhafte Geste, die „man mal besser annehmen sollte". Es wäre einem niemals übel genommen worden, unbedacht daran vorbeizugehen – dann eben beim nächsten Mal oder was ganz anderes. Sich überschwänglich für etwas zu bedanken, war nie Bedingung dafür, dass es passierte. Uli war lieber still bei der ein oder anderen Probe und jeder Vorstellung dabei, als sich als Gönner oder Förderer in den Mittelpunkt zu stellen. Und war damit der größtmögliche Gönner und Förderer.

Ich bin an der Schauspielschule in Berlin wie auch jetzt an der Folkwang-Universität, wo ich nun noch Regie studiere, Folgendem begegnet: Es ist wahnsinnig schwer, loszulassen. Für Lernende wie für Lehrende. Es ist wahnsinnig schwer, zu vertrauen: wenn ich auf der Bühne stehe, darauf, dass mir schon etwas einfallen wird; wenn ich Regie führe, darauf, dass der Spieler nicht kontrolliert werden muss, um gut zu sein, sondern dass er oder sie gut ist; wenn ich lehre, darauf, dass der Schüler das Vermittelte in seine Systeme integrieren kann und so das Gute an meiner Lehre fortleben wird. Natürlich ist es leichter, im Spiel etwas, das schon einmal funktioniert hat, einfach noch hundert Mal genauso zu machen, als Regisseur den Spieler so durchzustellen, dass es wenigstens formal funktioniert, als Lehrer meine Wahrheiten dem Schüler überzustülpen. Aber richtig gut wird dann nichts. Richtig gut wird es erst, wenn ich bis an meine persönlichen Grenzen gehe und gebe, was ich habe, und dann still zusehe, wie es um mich herum zu tanzen beginnt. Und dieses Tanzen mehr zu genießen als das Daraufangesprochenwerden, wie toll hier getanzt wird. Dafür braucht es Vertrauen in den anderen, aber vor allem Demut. Und einen Glauben daran, dass schon jemand in den Raum reingehen wird, wenn ich die Tür angelehnt lasse. Eigentlich ist das ein simpler (Theater-)Trick: Ein schmaler Lichtspalt, der auf den Flur fällt, verleitet so viel mehr dazu, in den Raum zu schauen und vielleicht hineinzugehen, als wenn mir jemand herrisch erklärt: „In dem Raum ist es ganz toll, *du wirst schon sehen. Und wenn du es anders siehst, liegt der Fehler nicht im Raum, sondern bei dir."*

Loszulassen bedeutet, selbst aus dem Rampenlicht zu treten. Jemand anderen gut sein zu lassen. Und das ist doch die edelste Aufgabe, vielleicht nicht eines Lehrers im klassischen Sinne, aber eines Mentors (und die besten Lehrer waren eigentlich immer Mentoren): nicht das System zu erhalten, sondern das Individuum weiterzubringen. Und so auch das System und sich selber immer weiterzuentwickeln. Oder das sollte es sein.

Brecht hat gesagt (oder geschrieben): Talent sei Interesse. Uli hatte wirklich wahnsinnig viel Talent.

Resonanzräume schaffen

Neben dem Konzept der Beziehungspädagogik ist es der Begriff der Resonanz, der mich in den vergangenen Jahren besonders angesprochen hat. Er beinhaltet viel von dem, was für mich gelingende Bildungsprozesse beschreibt. Erstmals hatte ich ihn im Februar 2014 bei dem Bildungsforscher Jens Beljan bei „Theater träumt Schule" in München gehört. Gemeinsam mit Hartmut Rosa stellte er dort ein Modell vor, das davon ausgeht, dass Menschen auf die gleiche Situation in unterschiedlicher Weise reagieren. Was die einen positiv anspricht, wo etwas ins Schwingen kommt, berührt manche in keiner Weise, während es bei einer dritten Gruppe sogar Widerstände hervorrufen kann. Alle drei Möglichkeiten sind mir nicht nur aus dem schulischen Alltag bekannt. Es klang für mich sofort plausibel. Als Indizien dafür, dass Schule häufig mehr die zweite und dritte Reaktion hervorruft, spielte Jens Beljan Popsongs ab, die das Erleben in Schule thematisieren. *„School's Out"* (1972) von Alice Cooper und *An-*

other Brick in the Wall (1979) von Pink Floyd beschreiben auch vierzig Jahre nach ihrem Erscheinen noch, wie viele Jugendliche Schule immer noch erleben. Auch die Textzeilen von Tears of Fears in *Mad World* (1983) drücken ebenso aus, was von vielen auch heute beklagt wird: „No one knew me, no one knew me / Hello teacher tell me what's my lesson / Look right through me, look right through me".

Wenn uns bewusst ist, dass eine Methode ganz unterschiedliche Reaktionen hervorrufen kann, dann wäre es naheliegend, gar nicht erst zu versuchen, für alle Kinder das Gleiche in gleicher Weise zu vermitteln. Es sollte selbstverständlich sein, unterschiedliche Zugangsweisen und Formate zu entwickeln. Es hängt an einer Vielzahl von Faktoren, wann tatsächlich „der Funke überspringt", Begeisterung aufkommt, sich Leidenschaft und Entdeckerfreude entwickeln können.

An dieser Stelle möchte ich daher zeigen, wie Heterogenität im schulischen Alltag berücksichtigt werden kann, um Schüler*innen vielfältige Zugänge zu ermöglichen. Später werde ich dann darauf eingehen, mit welchen Rahmenbedingungen Schule es den einzelnen Lehrkräften einfach macht, der Vielfalt und Unterschiedlichkeit von Kindern und Jugendlichen gerecht zu werden, bzw. wie Strukturen und eine Kultur geschaffen werden können, die viele Resonanzräume ermöglichen.

Heterogenität ist normal – Unterschiedliche Lernwege ermöglichen

An vielen Schulen taucht der Begriff der Potenzialentfaltung recht häufig auf. Trotzdem scheint uns das Paradigma der Gleichheit der zu erlangenden Fertigkeiten und Ziele ebenso unhinterfragt zu bestimmen, wie die Idee, dass sich alle Kinder gleichen Alters in allen Gebieten gleich entwickeln. Es ist in Deutschland üblich, Kinder gleichen Alters in einer Klasse gemeinsam zu unterrichten. Methoden der Binnendifferenzierung werden an unterschiedlichen Schultypen verschieden erfolgreich eingesetzt. Aber das unausgesprochene Paradigma der (vermeintlichen) Homogenität scheint so dominant, dass manche zwar noch jahrgangsübergreifenden Unterricht in der Grundschule für möglich halten, dies aber in der Sekundarstufe 1 undenkbar erscheint. Dabei lernen Menschen eigentlich immer in heterogenen Gruppen. Im familiären Kontext – wie auch immer dieser im Einzelfall aussehen mag – sind Kinder in aller Regel in unterschiedlichem Alter. Natürlich wissen alle Beteiligten, wie herausfordernd es mit größeren Schwestern und kleineren Brüdern sein kann. Aber so ist es nun einmal in allen Kulturen seit ungezählten Generationen. An Universitäten und im Berufsleben käme keiner auf die Idee, nur in altershomogenen Gruppen miteinander zu arbeiten.

An dieser Stelle möchte ich auf einige Wege hinweisen, wie man die Heterogenität berücksichtigen kann, die auch an Schulen eingesetzt wird, die primär in jahrgangshomogenen Klassen unterrichten. Es sind vor allem drei Formate, die ich nennen möchte.

1. Beim Drehtürmodell[6] benennt die Klassenkonferenz Schüler*innen, die insgesamt mit dem Regelunterricht so gut klarkommen, dass man ihnen zumutet, sich immer wieder eigenverantwortlich aus dem Unterricht abzumelden. In dieser Zeit verfolgen sie ein eigenes Projekt, dem sie sich über ein halbes Jahr lang widmen. Eltern, Verwandte, Mitschüler*innen und ex-

---

[6] Zum Drehtürmodell: https://www.zukunftsschulen-nrw.de/themen/iv-begabungen-foerdern/das-drehtuer-modell/

terne Gäste waren stets beeindruckt, wenn die Ergebnisse am Halbjahresende präsentiert wurden. Die Leiterin der Mittelstufe des FCG in Düsseldorf, Heike Sievers, hatte ein Händchen dafür, das Projekt mit pädagogischer Professionalität, Sensibilität und Leidenschaft zu leiten. Sie initiierte den Start des Drehtürmodells, informierte und überzeugte Schüler*innen, Eltern und das Kollegium. Mit Ausdauer blieb sie über Jahre dabei, das Format immer wieder neu zu modifizieren und Kolleg*innen in der Begleitung wie auch Schüler*innen in ihrer Selbstständigkeit zu unterstützen. Ihr verdanke ich auch die Auflistung einiger der dort bearbeiteten Themen.

Auswahl einiger Themen, die im Drehtürmodell am FCG Düsseldorf bearbeitet wurden

- Experimente zu optischen Täuschungen
- Kinderspiele aus der Zeit des Zweiten Weltkrieges
- Haare und Haarstrukturen
- Schönheitsideale im Wandel der Zeiten
- Der WWF – Schutz für bedrohte Tiere
- Die Tiefsee – lebendige Finsternis
- Glücksspiel – Faszination und Sucht
- Tiere der Tiefsee
- Die Gitarre und ihre Geschichte
- Toilettengeschichten für jedermann
- Die Entstehung und Verbreitung indogermanischer Sprachen
- Der Untergang der Titanic
- Das Leben der Anne Frank
- Kryptozoologie
- Tiefseetiere – Mythos und Wirklichkeit
- Die Entstehung von Filmen

- Grundlagen der Quantentheorie
- Der Atlantik und seine Bezwinger
- Die Ozeane – Gefahren und Schutzmöglichkeiten, besonders im Hinblick auf die Gefahr durch Mikroplastik[7]
- Überleben in der Antarktis
- Der Weg der Schokolade vom Kakaoanbau bis zum Verkauf
- Die Sonne – der Gigant im Sonnensystem
- Die Welt tanzt
- Das Leben der Joanne K. Rowling
- Maoam – das fruchtig freche Kaubonbon (Handelspartner und Handelswege)
- Das englische Theater zur Zeit Shakespeares
- Die Geschichte des Hotelwesens und die Bedeutung der Hotelklassifizierung
- Die Vielfalt der Orchideen
- Die Planung und Organisation einer Städtereise für einen Rollstuhlfahrer am Beispiel von Florenz

2. Orchester und Chöre sind wie Arbeitsgemeinschaften im kreativen künstlerischen Bereich häufig Möglichkeiten, an denen die persönlichen Fertigkeiten entscheidender sind als das biologische Alter. Was für eine Freude ist es, wenn Mädchen und Jungen unterschiedlichen Alters regelmäßig zusammenkommen, dabei für ein Stück proben, gemeinsam einen Film drehen, eine Ausstellung konzipieren und durchführen oder in anderer Weise etwas zeigen, was sie selbst gut können und womit sie an-

---

[7] Heike Sievers hat die beiden großen Weltkugeln aus Styropor, die die Schülerin zu diesem Thema gebastelt hat, immer noch im Stufenleiterzimmer stehen. Sie veranschaulichen, ausgehend vom Jahr 2014 und mit Ausblick auf das Jahr 2034, weit vor „Fridays for Future" in unglaublicher Weitsicht die derzeitigen Probleme und Entwicklungen auf diesem Gebiet.

deren eine Freude machen. „Es gibt zu wenig Bühnen auf dieser Welt", hat ein Freund mir einmal gesagt. Schulen können und sollten meines Erachtens nach Orte sein, in denen Raum für verschiedenste Bühnen ist, auf denen Heranwachsende sich zeigen können.

3. Projekttage und -wochen nehmen glücklicherweise an vielen Schulen zunehmend mehr Raum ein. Vielleicht mag es bei einigen Projekten sinnvoll sein, diese nicht für alle an der Schule vertretenen Jahrgänge zu öffnen. Bei vielen Themen jedoch sind das Interesse an der Sache, die Vorerfahrungen oder die Neugier entscheidende Faktoren dafür, dass man über eine Woche hin – vielleicht sogar mit externen Experten an einem außerschulischen Ort – etwas Besonderes machen kann, das eventuell auf den ersten Blick so gar nichts mit dem zu tun hat, was man sich unter „Schule" vorstellt. Am Ende solch einer erfolgreichen Woche meinte eine junge Referendarin zu mir, dass sie sich schon frage, wie sie denn ab Montag wieder „richtigen Unterricht" geben würde. Als ich sie bat, die Frage zu wiederholen, lachte sie. Anfangs versuchte sie noch, sich zu erklären. Aber schnell bemerkte sie, wie tief Denkmuster sitzen, von denen sie meinte, sich schon längst befreit zu haben. Guter Unterricht ist nicht an bestimmte zeitliche Formate gebunden.

Davon hatte ich bisher nie zu träumen gewagt

Roland Kühnke – Abitur 1991

Bei meiner Geburt ging einiges schief. Der Arzt wartete zu lange. Als er dann endlich anfing, passte ich nicht durch den Geburtskanal. Es wurde ein Notkaiserschnitt gemacht und als ich zur Welt kam, war ich blau und einige meiner Gehirnzellen waren abgestorben. Das Resultat: spastische Bewegungsstörungen.

An die vielen Arztbesuche als Kleinkind kann ich mich nicht mehr erinnern. An die ständige Sorge meiner Mutter, dass ich bei Krankheit nicht zu hoch fieberte, aber sehr wohl. Oft musste ich in der Grundschule meine Hausaufgaben noch einmal abschreiben, weil meine Handschrift zu schlecht war. Ich kann mich noch genau dran erinnern, wie ich, ohne es zu wollen, eine ganze Heftseite durchstrich. Ab meinem siebten Lebensjahr musste ich ein Tasteninstrument erlernen, um meine Fingerfertigkeit zu trainieren. Stundenlang habe ich vor der Heimorgel gesessen und vor mich hin geheult, weil es einfach nicht klappen wollte.

Beim Sport in der Schule kam ich meistens über eine 3 nicht hinaus. Weitsprung war für mich immer eine Herausforderung. Wenn ich mich richtig erinnere, bin ich nie mehr als 3 Meter weit gesprungen und beim Wettrennen wollten meine Beine einfach nicht schneller laufen, sodass ich oft mit den Letzten ins Ziel kam. Dazu kam noch, dass ich Spätentwickler war. Bei der Rolle am Barren rutschte ich einfach durch. Für Basketball war ich zu klein und Handball war mir zu grob. Sport war für mich oft mit Frust verbunden.

Heute kann kein Arzt mehr einen Defekt bei mir feststellen. Unser Körper wurde mit überzähligen Gehirnzellen gemacht. Kontinuierlich werden neue Verknüpfungen hergestellt. In-

formationen werden gespeichert und bisher ungelernte Bewegungsmuster können trainiert werden. Neue Zellen übernehmen die Arbeit von alten Zellen. So war es auch bei mir. Ich bin Gott, meinem Schöpfer, dankbar, dass ich mich normal bewegen kann, aber auch meinen Eltern und den Ärzten, die so viel Geduld mit mir hatten. Ich darf völlig gesund sein. Danke.

Ab der Oberstufe konnten wir zwischen verschiedenen Sportarten wählen. Ich weiß nicht mehr, in welcher Reihenfolge ich die Kurse belegte. Aber ich konnte auf einmal Kurse belegen, die mir Spaß machten und in denen ich Erfolg hatte. Beim Badminton bin ich auf einmal aufgeblüht. Die Höchstnote in Sport! Davon hatte ich bisher nie zu träumen gewagt. Dann kam Tischtennis. Mein Vater hatte für uns Kinder eine Tischtennisplatte gekauft, die wir auf unserem Dachboden aufstellten. Fast jeden Abend hatte er sich Zeit genommen, mit mir eine halbe Stunde zu spielen. Das zahlte sich jetzt aus. Wieder volle Punktzahl. Meine Angaben, mein Topspin und die harten Schmetterbälle waren sehr gefürchtet und bis zum letzten Schultag war ich immer unter den Ersten beim Tischtennisturnier.

Schon in der fünften Klasse hatten wir Schwimmunterricht. Wassersport machte mir Spaß, aber zu den Schwimmwettkämpfen mit anderen Schulen wurde ich nicht zugelassen. Ich war zu langsam und außerdem hatte ich eine Schere beim Brust-Beinschlag. Die Notenvergabe war damals strikt nach Tabellen. Jeder Schwimmstil hatte klare Zeitvorgaben. Es war also rechnerisch klar, dass ich trotz allen Bemühens nur eine Drei kriegen konnte.

In der Oberstufe wählte ich dann wieder Schwimmen. Dieses Mal bei Herrn Marienfeld. Ich hatte in der Zwischenzeit Selbstvertrauen gelernt. Jetzt war ich im Sport nicht mehr immer bei den Letzten, sondern es gab Bereiche, in denen ich gefürchtet war. Es war ein tolles Halbjahr. Noch immer waren *meine Kraulzeiten nicht die besten, aber dafür konnte ich in anderen Bereichen punkten, zum Beispiel beim Turmspringen. Vorwärts-, Rückwärts- und Auerbachsalto, Unterwasserbasketball, Weittauchen. Das alles war richtig gut und kam voll mit in die Note rein. Wieder volle Punktzahl. Wow. Das Gleiche dann noch einmal beim Volleyball. Sport wurde zu einem meiner Lieblingsfächer.*

Gott hat einen großen Garten

Tobias Keil – Abitur 1991

Ich wünsche „immer eine Handbreit Wasser unterm Kiel"! Dass ich diesen Seglergruß noch öfter in meinem Leben benutzen würde, war mir nicht klar, als ich im Mai 1991 mit den elf Mitabiturienten meines Jahrgangs als Abschlussfahrt einen Segeltörn in der Adria erleben durfte. Uli hatte Kontakt zu einem Skipper von Segeljachten und gemeinsam organisierten sie die Abschlussfahrt für uns. Also lernten wir Segeln. Das öffnete mir die Tür zu einer neuen Welt. Das Erlebnis war so schön und intensiv, dass wir ein Jahr später erneut in dieser Konstellation segelten – diesmal vor Sardinien. Als sich im Studium die Gelegenheit ergab, knüpfte ich an diese Erfahrungen an und absolvierte mehrere Segelkurse. Ich erhielt die erforderlichen Berechtigungen zum Führen einer Jacht und erlebte später vier weitere Segeltörns. Diese Male jedoch als verantwortlicher Skipper. Uli hat mir auch außerschulisch Horizonte geöffnet, und dafür werde ich ihm stets äußerst dankbar verbunden bleiben.

Eine große schulische Herausforderung war für mich der Mathe-Leistungskurs. Unsere Abi-Klasse war der dritte Jahrgang einer noch jungen Schule und mit nur zwölf Schülerinnen und Schülern spärlich besetzt. Die niedrige Anzahl von Abiturienten schränkte die Anzahl an angebotenen Leistungskursen stark ein: Lediglich Mathe, Physik, Geschichte und Englisch standen zur Wahl. Damit ich den mathematisch-naturwissenschaftlichen Bereich abdecken konnte, musste ich Mathe nehmen. Dabei bin ich geisteswissenschaftlich veranlagt. Später habe ich im Magisterstudiengang Geschichte und Politik studiert. Entsprechend groß war die Herausforderung, meine kaum vorhandene mathematische Begabung zu entwickeln. Meine Durchschnittsleistungen bewegten sich bei Note 4. Das Ergebnis meiner ersten Mathe-Leistungskursklausur war null Punkte. Bei meiner zweiten Klausur hatte ich immerhin fünf Punkte erzielt. Ermutigend sagte Uli mit einem Augenzwinkern, dass dies doch eine phänomenale Leistungssteigerung sei, die noch nicht einmal mathematisch ausgedrückt werden könne.

Was mir wirklich half, waren eine unorthodoxe Hausaufgabenpraxis von Uli und meine hilfsbereiten und mathebegabten Mitschüler. An jedem Montag erhielten wir Hausaufgaben für die gesamte Woche. Diese mussten freitags schriftlich abgegeben werden. Die jeweiligen Bewertungen flossen in die mündliche Note ein. Dabei hielt Uli uns dazu an, bei den Hausaufgaben ganz offen und kollegial zusammenzuarbeiten: „Vergleicht eure Ergebnisse und helft euch gegenseitig bei den Lösungswegen." Dies führte dazu, dass ich bis Mittwoch die Aufgaben rechnete und versuchte, die Lösungen selbst zu erarbeiten. Dabei setzte ich mich mit dem Stoff auseinander. Donnerstags verglichen und diskutierten wir Schüler vom Kurs außerhalb des Unterrichts ausführlich unsere Rechenaufgaben. Durch die hilfreichen Erklärungen

73

und Korrekturen meiner Mitschüler konnte ich freitags stets korrekte Hausaufgaben liefern. Die dadurch ermöglichten guten mündlichen Noten und die mit den Mitschülern erarbeiteten Kenntnisse machten mir Hoffnung. Sie führten dazu, dass ich nicht aufgab und mich besonders anstrengte.

Auch etwas anderes habe ich mir von Uli abgeschaut: Eine grundsätzliche Freude an allen gläubigen Menschen ungeachtet ihrer Glaubenspraxis. Es gibt große Unterschiede, wie Menschen ihre Religion sehen und ausleben. In Fragen der Lebensführung haben manche eine sehr enge Sicht und andere bewegen sich in sehr weiten Grenzen. Erfahrungen konnten wir bei Klassenfahrten nach Wien und München sammeln. Dort waren wir bei Mitgliedern von Gemeinden untergebracht, die unterschiedliche Frömmigkeitsstile lebten. Auch ein Besuch bei der Glaubensgemeinschaft der Hutterer in Birnbach, Westerwald, war sehr eindrücklich. Was mir stets sehr gefallen hat, ist Ulis Art, jede Sichtweise ernst zu nehmen und vollkommen wertzuschätzen, losgelöst von der Frage, was man selbst für richtig hält und wo man sich am wohlsten fühlt. Frei nach dem Motto: Gott hat einen großen Garten und freut sich über jede Blume, die lebendig ist, wächst und gedeiht.

Alternative Formate ermöglichen vielfältige Erfahrungen

Inzwischen hat es sich in allen Bundesländern herumgesprochen, dass es außer dem Regelunterricht im 45-Minuten-Takt andere Formate gibt, die viel eher dazu geeignet sind, mit Freude zu lernen. Viele Schulen arbeiten im 90-Minuten-Takt, andere mit Stunden je 60 oder 67,5 Minuten oder Mischungen dieser Einheiten. Es geht mir an dieser Stelle nicht darum, diesen an klassischen Schulfächern orientierten Ansatz ausführlich zu diskutieren. Aber der Hinweis sei erlaubt, dass Bildungsforscher*innen wie Anne Sliwka auch im deutschsprachigen Raum spannende Modelle aus Neuseeland und Australien vorstellen, in denen Kinder nicht acht bis zwölf isolierte Fächer in einer Woche lernen, sondern man ihnen in wenigen verschiedenen Modulen täglich Raum gibt, sich für einige Monate auf wenige Themen zu konzentrieren.

An der Evangelischen Schule Berlin Zentrum sind seit 2008 auch etliche alternative Formate erprobt worden. Einige lassen sich an jeder Schule implementieren, ohne sofort das Gesamtsystem zu verändern. Sie sind in sich wirksam und sinnvoll. Vielleicht kommt man aber beim Praktizieren sogar auf den Geschmack und es öffnen sich neue Türen, wie man an der eigenen Schule noch andere Transformationsprozesse in Gang bringen kann. Manche der im Folgenden skizzierten Formate wurden im Rahmen der Neuen Oberstufe an der ESBZ in den letzten Jahren erdacht, erprobt, evaluiert, weiterentwickelt und 2019 auf einer Website dokumentiert. Was ich hier nur knapp beschreiben werde, ist dort sehr anschaulich präsentiert. https://www.neue-oberstufe.de/

LAK – Tage für Lern- und Arbeitskompetenzen, ARS VIVENDI, Expert*innentage

Workshops für Lern- und Arbeitskompetenzen gibt es – unter sehr unterschiedlichen Titeln – inzwischen an etlichen Schulen. Schüler*innen und Eltern sammeln mit dem Lehrer*innenteam Themen, die relevant sind, aber im Regelfall entweder gar nicht in Lehrplänen auftauchen oder in keinem Fachunterricht ausreichend Raum bekommen.

- Wie renoviere ich mein erstes eigenes Zimmer, meine erste eigene Wohnung?
- Worauf muss ich beim Mietvertrag achten?
- Welche Versicherung brauche ich wirklich?
- Welcher Terminkalender hilft mir weiter?
- Wie ernähre ich mich gesund, sodass es schmeckt?

An der ESBZ haben wir zweimal im Jahr zwei Tage für Workshops, die außer von Lehrer*innen auch von Eltern, externen Expert*innen und Schüler*innen gegeben werden. Andere Schulen bieten unter dem Titel „ars vivendi" (die Kunst zu leben) Ähnliches. Manchmal gibt es diese Angebote monatlich an einem Freitagnachmittag, manchmal an einem halben oder ganzen Samstag oder man wählt jeweils einem Tag im Quartal und lässt den Regelunterricht dafür entfallen. Bei einer besonders engagierten und gut eingespielten Elternschaft wird das gesamte Programm solcher Tage von Eltern geplant und durchgeführt. Solche Expert*innentage können dann vom Kollegium zur Fortbildung und Schulentwicklung genutzt werden. Auch wenn die organisatorische Arbeit nicht zu unterschätzen ist, bieten solche Tage wunderbare Möglichkeiten, gemeinsam Schule zu gestalten.

Projektkurse

Als in Nordrhein-Westfalen vor etlichen Jahren Projektkurse eingeführt wurden, erkannten etliche Kolleg*innen am FCG Düsseldorf die Gelegenheit, auf diese Weise auch in der Oberstufe fächerübergreifend spannende Projekt durchzuführen. Zusätzlich konnten die Schüler*innen dabei sogar Punkte für das Zentralabitur sammeln. Sie mussten also im Vergleich zu anderen großartigen Projekten – wie Schulpartnerschaften, Ausstellungen, Konzerten und Theateraufführungen – nicht nur zusätzlich zum normalen Pensum und aus rein intrinsischer Motivation aller Beteiligten auf den Weg gebracht werden.

Ein Kollege hatte noch einen guten Draht zu seinem Geografie-Professor der Universität, an der er studiert hatte. Gemeinsam mit diesem Hochschullehrer bot er einen Projektkurs am Mount Washington an. Minus 20 Grad und Windgeschwindigkeiten von bis zu 120 km/h sind dort auf dem Gipfel normal. Der Titel des Kurses lässt ahnen, dass bei „*Mount Washington – Home of the World's Worst Weather*" alles andere als Bequemlichkeit angesagt war. Der Zugang ist im Winter nur mit Sondergenehmigung möglich. Es waren außergewöhnliche Tage dort oben in der Wetterstation, die noch Jahre später bei Schüler*innen wie Lehrer*innen nachklingen.

Zwei Jahre danach ging es mit dem gleichen Expert*innen-Team um die Erforschung des Vulkanismus. Bei „*Hawaii – Leben und Arbeiten im Zentrum des Pazifischen Feuerrings*" wurde an vielen Tagen in Zelten übernachtet. Zur Erforschung von Höhlen konnten Messinstrumente genutzt werden, die Schüler*innen sonst nicht zugänglich sind. So vieles, was in Klassenräumen nie zu erfahren ist. Nebenbei waren sie zum Abschluss zwei Tage am Pazifischen Ozean baden. Solche Gelegenheiten ergeben sich nicht täglich. Die Kosten von etwa 2000 € hatten sich die Jugendlichen selbst über ein Jahr hin erarbeitet und angespart. Es gab die Möglichkeit, Stipendien zu beantragen. Die Frage, wie sinnvoll Fliegen ist, hatte sich damals noch niemand gestellt.

Andere nutzten das Format für besondere Theater- und Filmprojekte. Ich erinnere mich gerne daran, wie wir bei *Dance in the City* mit einem Hip-Hop-Tänzer und einer Ballettlehrerin das Tanzen von einer Bühne auf Treppen verlegten. Verschiedene Choreografien wurden einstudiert und zum Abschluss tanzten die Jugendlichen auf den Rolltreppen des Sevens Center, einem Einkaufszentrum auf der Düsseldorfer Kö. Das regionale Fernsehen berichtete mit einem Kurzbeitrag.

Herausforderung

Vermutlich ist das Projekt „Herausforderung" das am meisten vom klassischen Schulverständnis abweichende Format. Drei Wochen einfach mit Mitschülerinnen und Mitschülern das machen, worauf man Lust hat; gemeinsam einen Plan entwickeln und diesen mit Eltern und Lehrer*innen zu besprechen; sich dann als 13- bis 15-Jährige mit einer studentischen Begleitung auf den Weg machen, wobei pro Person in diesen Tagen maximal 150 € für Verpflegung, Fahrtkosten und Übernachtung ausgegeben werden dürfen. Mit diesen drei herausfordernden Wochen beginnen die Schüler*innen der Jahrgangsstufen 8 und 9 an der ESBZ seit vielen Jahren ihr Schuljahr. Nach ihrer Rückkehr berichten alle bei einem Fest, an dem auch die Eltern teilnehmen. Mehrere Hochschulen kooperieren inzwischen. Sie stellen Betreuer*innen, die diese besondere Erfahrung im Rahmen ihres Studiums begleiten.[8]

Projekt Verantwortung

Wöchentlich für eine Doppelstunde etwas praktisch machen, das anderen hilft – darum geht es im Projekt „Verantwortung".

---

[8] Auf der Website der ESBZ findet man jeweils aktuell Informationen, wie das Projekt an dieser Schule gestaltet wird. https://www.ev-schule-zentrum.de/schulstufen/mittelstufe/tagesrythmus-lernformate

Manche gehen in eine Grundschule, um Migrant*innen beim Deutschlernen zu unterstützen – indem man miteinander liest, spielt oder rechnet, etwas gemeinsam bastelt oder was immer sich gerade anbietet. Manche engagieren sich im Kindergarten, andere in einem Altenheim. Die einen helfen wöchentlich in der Suppenküche der Kirchengemeinde, andere arbeiten in ökologischen Projekten mit oder sind gern gesehene Helfer*innen im Tierheim.

Rahmenbedingungen sind formuliert. Pädagog*innen begleiten unterstützend. Aber im Wesentlichen kommt es auf die Jugendlichen selbst an. Halbjährlich wird im Klassenverband reflektiert. Was hat Freude bereitet? Womit hatte ich Mühe? Was war bei meiner Tätigkeit wesentlich? Wie arbeiten die einzelnen Organisationen? Die Kinder erfahren viel über sich selbst, lernen unterschiedliche Lebensbereiche jenseits ihres persönlichen Erlebnishorizonts kennen und leisten ihren persönlichen Beitrag dazu, unsere Welt etwas heller und freundlicher zu machen. Eine ausführliche Beschreibung des Projekts gibt Caroline Treier in ihrem Beitrag „Konsum- versus Verantwortungslernen am Beispiel des Projekts Verantwortung an der Evangelischen Schule Berlin Zentrum".[9]

Auslandsaufenthalte in der Oberstufe

An der August-Hermann-Francke-Schule in Gießen hatten wir uns vor zwanzig Jahren dazu entschlossen, die Schüler*innen der 11. Klasse in der Zeit zwischen den Sommer- und Herbstferien

---

[9] Caroline Treier, Konsum- versus Verantwortungslernen am Beispiel des Projekts Verantwortung an der Evangelischen Schule Berlin Zentrum, in: M. Fricke/L. Kuld/A. Sliwka (Hrsg.), Konzepte sozialer Bildung an der Schule. Compassion – Diakonisches Lernen – Service Learning, Münster 2018. S. 83–107.

vom Unterricht freizustellen, um allen einen Auslandsaufenthalt zu ermöglichen. Die Erfahrungen waren großartig. Wer die Sommer- und Herbstferien dazunahm, konnte bis zu vier Monaten unterwegs sein. Jugendliche entdeckten die Welt. Eltern brachten sehr oft zum Ausdruck, dass sie ihre Kinder manchmal nur schwer loslassen konnten. Sie waren sehr überrascht und dankbar, wie diese in ihrer Persönlichkeit gewachsenen Jugendlichen verändert und gereift nach Hause zurückkamen.

An der Evangelische Schule Berlin Zentrum (ESBZ) ist das Projekt „Alle ins Ausland" das Herzstück des 11. Jahrgangs. Hier reisen die Schüler*innen in den letzten drei Monaten des Schuljahres ins Ausland. Sie engagieren sich vor Ort für ein Projekt ihrer Wahl – egal, ob es nun im sozialen, ökologischen, politischen oder kulturellen Bereich anzusiedeln ist. Da der Prozess der Entscheidungsfindung und Planung sehr umfangreich ist, engagieren sich pro Klasse mehrere Eltern als Coaches. Sie begleiten während des gesamten Schuljahres jeweils vier bis sechs Jugendliche, helfen ihnen, ihre persönlichen Stärken und Neigungen zu entdecken sowie sich selbstständig über unterschiedliche Projekte und Einsatzmöglichkeiten zu informieren. Für einige kann es nicht weit genug sein. Die Mehrzahl jedoch findet ein Projekt in Europa. Einige Tage bevor es in die Sommerferien geht, treffen sich die Gereisten für zwei oder drei Tage in Berlin. Sie reflektieren – als Einzelne und in der Gruppe – und präsentieren einander, den Eltern sowie künftigen Jahrgängen und Freunden der Schule, was sie erlebt haben.

Projektwochen

Der Vielfalt solcher Wochen sind kaum Grenzen gesetzt. Das FCG in Düsseldorf war eine der ersten Schulen, in der wir digitale Medien seit dem Einzug in das neue Gebäude 2007 flächendeckend in allen Klassen, in allen Fächern und allen Räumen nutzen konnten. Vom ersten Tag an waren wir uns einig, dass manches weiterhin analog sinnvoller sei, bei vielem anderen war es ein Ausprobieren und Evaluieren. Nach wenigen Jahren entwickelten die 8. Klassen die Idee, in der Projektwoche für einige Tage ganz bewusst nicht nur auf digitale Medien, sondern auch auf andere Annehmlichkeiten des modernen Lebens zu verzichten. Die „Woche ohne Strom" gehört seither zum turnusmäßigen Programm. In den ersten Jahren ging es mit dem Rad am Montag zu einer Wiese an einem Abenteuerspielplatz, bei dem es neben Toiletten nur fließendes Kaltwasser gibt. Es wird in Zelten übernachtet und abends am offenen Feuer gekocht. Bis Donnerstag ist man dort in der Natur mit der Gruppe für sich. Zwei betreuende Kolleg*innen haben ein Handy dabei, sodass man in Notfällen schnell Hilfe holen könnte. Mit der Zeit ist daraus „Eine Woche OHNE technische Errungenschaft" geworden, um so dieses erlebnispädagogische Projekt für alle Lehrer*innen zu ermöglichen. Oft wird weiterhin auf mehr als nur eine technische Errungenschaft verzichtet und so z. B. die Anreise auch über Strecken von mehr als 60 km mit dem Rad bewerkstelligt.

Pulsare

Als Erweiterung klassischer Projektwochen gibt es an der ESBZ Pulsare. Wie ein heller Stern – ein Pulsar – sollen diese Wochen aufleuchten und zeigen wie schön und vielfältig Schule sein kann. Es geht darum, dass sich Teams von Externen und Lehrer*innen finden, die von einem Thema begeistert sind, das sie gerne mit Schüler*innen eine Woche lang vertiefend bearbeiten wollen. Die zwei oder drei Expert*innen bereiten für die ersten beiden Tage der Woche unterschiedliche Inputs vor, durch die diejenigen, die sich für dieses Pulsar beworben haben (in der Regel zehn bis zwanzig Schüler*innen der Jahrgänge 10 bis 13), einen fundierten Einblick bekommen. Am dritten und vierten Tag arbeiten dann die Teilnehmer*innen einzeln oder in Kleingruppen vertiefend zu den Aspekten des Themas weiter, die sie besonders angesprochen haben. Die Expert*innen begleiten diese Arbeiten und unterstützen – wenn es gewünscht ist – darin, selbstständig ein „Ergebnis" zu produzieren, das dann am fünften und letzten Tag der Gesamtgruppe bei einer „Komplexitätsparty" präsentiert wird.

Der Berliner Senat hat mehrere solcher Pulsare pro Schuljahr genehmigt. Wenn es gewünscht ist und sich genügend Teile des Pulsars in Rahmenlehrplänen wiederfinden, dürfen für diese Fächer Klausurersatzleistungen erstellt werden. Auf diese Weise können gute Ergebnisse in die Gesamtqualifikation des Abiturs eingebracht werden.

In manchen Jahren hat sich das Oberstufenteam dazu entschlossen, an einem bestimmten Termin die Pulsare leistungskursgebunden anzubieten. Das schränkt zwar einerseits die Themenvielfalt ein, erspart aber auf der anderen Seite das Erstellen und Korrigieren einer zweiten Klausur, wenn die Klausurersatzleistung für alle verpflichtend ist.

Beispielhaft seien hier folgende Themen genannt.

- Beam me up, Scotty – Quantenmechanik (Physik, Mathematik)
- Ideen für eine besser Welt – Befreiungstheologie (Religion, Spanisch, Politik)
- Mr Hitchcock, wie haben Sie das gemacht? – Filmanalyse (Englisch, Kunst)
- Dramazirkus – Artistik und Akrobatik (Sport, Darstellendes Spiel)

- Wachstum – Wirtschaftspolitik, Wachstum und Wandel (Mathematik, Wirtschaft, Biologie)
- Homo Deus – (Kunst, Politik, Sozialwissenschaften)
- Im Rau(s)ch der Moleküle – (Biologie, Chemie)
- Sansibar – (Deutsch, Religion, Geschichte)
- Unfair Tobacco – (Biologie, Geografie, Kunst)
- Kalendergeschichten – (Religion, Mathematik)
- Fußball – mehr als nur ein Spiel – (Sport, Politik)

Eine umfassende Übersicht von neun Pulsarwochen sowie weitere Hinweise zur Planung und Durchführung findet man unter: https://www.neue-oberstufe.de/images/files/materialien/pulsar/Material_Pulsar_Themenueberblick.pdf

Game Changer: Augenhöhe

Timon Schinke – Abitur 2007

Die „offene Tür" steht für eine Haltung und Überzeugung, die ich so umreißen würde: Offenheit schlägt Kontrolle, Kollaboration schlägt Konkurrenz, Synergie schlägt Ausnutzung. Leider haben wir uns als Gesellschaft eine Welt gestaltet, die in vielerlei Hinsicht auf das genaue Gegenteil programmiert ist. So sehr wir uns nach einer „Haltung der offenen Tür" sehnen, so sehr wir die entsprechenden Bücher und Vorträge schätzen – diese Haltung in eine gelebte Praxis zu übersetzen, ist harte Arbeit. Zum einen, weil es Arbeit an uns selbst ist. Zum anderen, weil es neue, unvertraute Arbeit ist.

Um die „Haltung der offenen Tür" in eine gelebte Praxis zu übersetzen, müssen wir anerkennen, wie fremd uns diese Haltung ist, wie sehr sie sich von unserem Alltag unterscheidet.

Überspitzt gesagt: Wir haben nie gelernt, so zu handeln; warum sollten wir es also können? In 13 Jahren Schule und fünf Jahren Studium haben wir die Welt der Offenheit und Kollaboration häufig leider kaum kennengelernt. Und je nachdem, was und wie wir danach arbeiten, bringen uns auch die nächsten 20 Jahre Berufstätigkeit dem nicht näher.

Wenn ich auf meine Schulzeit schaue, waren die Strategien, die mir zehn Jahre lang Überleben und Erfolg sicherten, das Gegenteil der „Haltung der offenen Tür": Ich profitierte von Konkurrenz, war niemals an der falschen Stelle ehrlich und nutzte alle Lücken gnadenlos aus, die sich im System ergaben. Ich schaute mich um – und alle anderen schienen ähnlich vorzugehen. Es fühlte sich an, als seien diese Spielregeln ein Naturgesetz. Und ich sah nicht, dass irgendjemand dieses ungeschriebene Gesetz infrage stellte – inklusive mir selbst.

Ich kann mich noch gut daran erinnern, wie ich in der 11. Klasse geradezu schockiert war, als Uli Marienfeld unser Stufenkoordinator wurde. Auf einmal wurden wir Schüler systematisch auf Augenhöhe und wie erwachsene Menschen behandelt. Und das Wunder geschah: Erstmalig begannen wir, uns auch so zu benehmen. Keine Ermahnung, keine Regel, kein Appell hatte das bis dahin vermocht. Aber ernst genommen zu werden, Respekt und Ehrlichkeit nicht nur geben zu sollen, sondern auch selbst zu erhalten – das war ein Game Changer. Das Spiel änderte sich; und wir uns mit.

Genau diese Chance liegt in der gelebten „Praxis der offenen Tür": Räume zu erschaffen, in denen eine andere Art zu handeln und zu sein möglich wird. Neue Spielregeln etablieren und erlebbar machen. Durch gelebte Realität infrage stellen, was als vermeintliches Naturgesetz zu akzeptieren wir uns angewöhnt haben.

Gelebte Praxis schlägt gut gemeinte Theorie dabei um Längen, denn wir können uns nicht in eine neue Art zu handeln hineindenken – wir müssen uns in eine neue Art zu denken hineinhandeln. Jede*r Einzelne von uns ist daher eingeladen, sich in eine lebendige, unübersichtliche, anstrengende und transformative Praxis der „Haltung der offenen Tür" zu stürzen. Denn in unserem Handeln – und nur da – machen wir einen Unterschied. Und da es hier um Schule geht, möchte ich dazu abschließend sogar knallhart Goethe zitieren: »Der Worte sind genug gewechselt, lasst mich auch endlich Taten sehen.«

Reisen erweitern den Horizont

Kein Ort ist ein Ort,
so lange dort nichts passiert ist
und er nicht zur erinnerten Geschichte geworden ist.
Wallace Stegner in "The Sense of Place"

Skikurse in den Harz oder die Alpen, Studienfahrten nach Prag, Wien, Brüssel, Griechenland oder in die Toskana – wo immer ich mit Schüler*innen unterwegs war, hat sich etwas anderes abgespielt als „Schule". Kein 45-Minuten-Takt, kein In-Räumen-an-Tischen-Sitzen, kein Du-musst, keine der vielen Einschränkungen, die uns im System Schule so normal erscheinen. Es war immer etwas Besonderes. Es waren offene Türen. Es war ein Erleben, das gemeinsam vorbereitet war, auf das man sich freute. Für Schüler*innen und Lehrer*innen war es oft ein Höhepunkt des Jahres. Es ging nicht primär um ausformulierte Lernziele. Reisen ist für mich auch immer Horizonterweiterung. Man kann das hinter sich lassen, was ansonsten den Alltag dominiert. Man taucht in eine andere Wirklichkeit ein, die das Potenzial hat, die Grenzen des eigenen Lebens infrage zu stellen. Auch wenn es selten so ausgesprochen war, haben wir uns für Neues geöffnet und diesen Teil unseres Lebens miteinander so gestalten, dass wir Freude miteinander hatten.

Meine ersten Berufsjahre nach dem Referendariat arbeitete ich in Gießen an der August-Hermann-Francke-Schule. Dort hatte man es sich zur Gewohnheit gemacht, gleich nach einigen Wochen zu Beginn des Schuljahres mit allen Klassen entweder auf Reisen zu gehen oder in einer Projektwoche miteinander zu arbeiten. Es sollte Raum für Begegnungen geben. Ganzheitliche Erfahrungen sollten möglich werden. Zusätzlich zu diesen fest im Jahresplan verankerten Zeiten gab es die Möglichkeit, Reisen zu unternehmen, die nicht zu dieser Zeit im Herbst durchgeführt werden konnten. Skikurse sind notwendigerweise in den Wintermonaten zu terminieren und Abschlussreisen am Ende des Frühjahrs – wenn sie denn wirklich zum Abschluss eines Lebensabschnitts in der Schule gedacht sind. Entgegen allen anderen Behauptungen ist es durchaus möglich, auch mit einem Abiturjahrgang nach den schriftlichen Prüfungen noch Reisen zu unternehmen, die nicht in Sauftouren ausarten. 1991 war ich mit den Abiturient*innen vor Kroatien segeln, 1994 auf der Peleponnes und in den Kykladen, 1997 auf Santorin, 2000 auf Malta, 2003 bei den Meteora-Klöstern und auf Naxos und 2004 in der Toskana. Es waren entspannte Tage, die allen Mitgereisten in bester Erinnerung sind.

Als Schüler hatte ich das Privileg, in den 1970er-Jahren von Berlin aus auf Skikurs zu gehen. Dass wir von der Unterkunft in Obertauern jeden Morgen mehr als eine halbe Stunde auf Skiern zum Lift gelaufen sind, scheint heute kaum vorstellbar. Wir waren so dankbar, mitten im Winter die Großstadt verlassen zu können. Wie die meisten Mitschüler*innen, habe ich das Skifahren erst dort erlernt. Bei eisigen 15 Grad unter null haben wir die Kräfte der Natur am eigenen Körper erfahren. Der Blick aus der Gondel oder dem Sessellift war mindestens ebenso besonders wie das Erlernen von Stemmbögen und Parallelschwüngen. Da diese elementaren Erfahrungen im Gebirge bis heute all den Kindern vorenthalten bleiben, die nicht das Glück haben, in Familien geboren zu sein, in denen solche Winterurlaube möglich sind, war es mir an allen Schulen ein Anliegen, Skikurse zu etablieren. Als ich 2004 nach Düsseldorf kam, war es an der Schule dort üblich, im ersten Halbjahr der 11. Klasse für zwei Kennenlerntage in ein Freizeitheim der Umgebung zu fahren. Die Schüler*innen ließen sich mühelos von mir überreden, diese vom Herbst in den Winter zu verschieben und an ein Wochenende zu koppeln. So konnten wir von Freiburg aus am Schauinsland zumindest für drei Tage Skifahren schnuppern. Glücklicherweise schneite es an den Tagen vor unserer Anreise. Wir konnten bei idealen Bedingungen die Sonne auf knapp 1000 m Höhe genießen. Glaubt man den euphorischen Berichten der mitgereisten Jugendlichen, hatten sie „grandiose Tage im Hochgebirge" erlebt.

Mit meinen eigenen sportlichen Fähigkeiten hatte es immer nur dazu gereicht, die Anfänger zu unterrichten oder der „mittleren" Gruppe zu helfen, blaue oder rote Pisten mit Freude sicher und variabel zu genießen. Aber glücklicherweise fand ich an jeder Schule eine*n Kolleg*in, die neben dem Sportstudium auch einen Skilehrerschein hatten. So konnten wir auch den wildesten Jugendlichen herausfordernde Tage bieten. Diese Kolleg*innen übernahmen bald die Verantwortung. Soweit mir bekannt ist, wird die Tradition dieser Skikurse bis heute an jeder dieser Schulen fortgeführt.

Neben diesen sportlichen Aktivitäten in der Natur ging es mir darum, mit den von mir geführten Jahrgängen – und in der Oberstufe überhaupt – das Reisen als häufig genutztes pädagogisches Erlebnisfeld aufzubauen. Dabei nutze ich die sich jeweils bietenden Rahmenbedingungen – und dehnte diese, soweit es möglich war, aus. Die ersten Abiturjahrgänge in Gießen hatten nur 12 bis 14 Schüler*innen. Wie in Sportvereinen üblich, konnten wir in Absprache mit Eltern und Trägerverein für die Reisen Kleinbusse nutzen, die von uns als Kolleg*innen ebenso wie von Eltern und ehemaligen Schüler*innen gefahren wurden. Es war eine Frage des persönlichen Vertrauens und der Bereitschaft von allen Beteiligten, sich für ein paar Tage aufeinander einzulassen. Die Kosten wurden auf diese Weise extrem niedrig gehalten. Wir suchten stets einfache Quartiere und versorgten uns meist selbst. Ganz natürlich ergaben sich Gespräche: auf langen Autofahrten, beim Zubereiten der Mahlzeiten, dem gemeinsamen Abwaschen des Geschirrs oder während der 36 Stunden auf der Fähre von Italien nach Griechenland. Entschleunigung würde man es heute nennen. Weil Smartphones erst später auf den Markt kamen, musste man ganz natürlich die Stille aushalten und sich auf Begegnungen mit den Menschen einlassen, mit denen man gerade zusammen war.

Die Abiturjahrgänge 1991 und 1994

In der Kunst wie im Leben ist alles möglich,
wenn es auf Liebe gegründet ist.

Marc Chagall

Wir hatten es uns in Gießen zur Gewohnheit gemacht, dass die Klassenleitung der Jahrgangsstufe 11 auch in den beiden Jahren der Qualifikationsphase als Tutor die Gruppe durch das Kurssystem begleitete und dort selbst möglichst viele Fächer unterrichtete. In meinem Fall waren es Mathematik, Religion und Sport. So konnte ich die Schüler*innen in verschiedenen Kontexten erleben – und sie mich auch. Nach zwei erfolgreichen Durchgängen mit der Nichtschülerprüfung konnte der dritten Abiturjahrgang dieser Schule 1991 die Prüfungen im üblichen Modus, mit Einberechnung der Vorleistungen der letzten vier Halbjahre, ablegen. In den Jahrgängen 11 und 12 waren wir auf der Wartburg, in München, Salzburg, Wien und Prag gewesen. Die Abschlussreise ging zum Segeln nach Kroatien. Über eine Kollegin hatte ich von einem erfahrenen Skipper gehört, der seit vielen Jahren

Segelfreizeiten anbot. Wir hatten ihn an einem Schnupperwo-
chenende am Ammersee kennengelernt. Er willigte ein, mit uns
„zwölf plus eins" auf seinem Boot, der „Esmeralda", in der Adria
zu segeln. Sicherlich würde es etwas eng werden, aber damit waren alle einverstanden. Solch eine Reise hätten wir aus Kosten-
gründen sonst gar nicht in Erwägung ziehen können. Auf dem
Hinweg übernachteten wir auf Luftmatratzen im Haus unseres
Skippers bei Augsburg. Nachdem wir am nächsten Tag im Hafen
an der kroatischen Adria angekommen waren und das Gepäck
ausgeladen hatten, kam der Skipper auf mich zu: „Ich segele jetzt
schon seit Jahrzehnten, aber was mir gerade passiert ist, habe
ich bisher noch nicht erlebt. Da ist ein junges Pärchen, denen
die Crew abgesprungen ist. Sie sind daher nur zu zweit auf dem
Boot. Nun haben sie mich angesprochen, ob wir nicht einige
unser Schüler*innen mit ihnen segeln lassen wollen. Sie würden ihren Kurs nach uns richten. Wir hätten die ganze Woche
zwei Boote statt eines. Sie wollen kein Geld dafür haben." – Auf
solch ein Angebot war ich nicht vorbereitet. Rücksprachen mit
Schulleitung oder allen Eltern waren nicht möglich. Ich musste
innerhalb kurzer Zeit entscheiden. Bei einem Kaffee habe ich
mit Helmut versucht, die Sache so ruhig es ging zu bedenken.
Nachdem ich ein innerliches Ja dazu hatte, haben wir den Schüler*innen von dieser Möglichkeit erzählt. Sie konnten ihr Glück
kaum fassen! Schnell war klar, wer zu Christl und Thomas auf
die „Sparnocchio" gehen würde. Wir hatten sieben unfassbare
schöne Tage. Wir besprachen ganz grob die angedachte Route,
setzen uns jeweils am Morgen nach dem Frühstück zusammen,
bestimmten den Tageskurs, fuhren fast die ganze Zeit auf Sicht,
sahen springende Delfine, badeten in abgelegenen Buchten, spazierten durch die Altstadt von Rovinj oder schlenderten Eis es-
send durch das Inselstädtchen Mali Losjin. Es hätte sich auch
nicht annähernd so schön planen lassen. Nach fast 30 Jahren

erinnert sich die Crew der „Esmeralda" immer noch daran, mit „Chariots of Fire" von Vangelis jeden Morgen in einem der malerischen Adriahäfen geweckt worden zu sein.

Abiturjahrgang 1991 am Denkmal des Johannes Hus 1990 in Prag

Natürlich hatten die anderen Jahrgänge davon gehört. Die nach dem Sommer neu von mir übernommene Klasse wollte gerne surfen lernen. Da das bekanntlich nicht gut in Doppelstunden im Regelunterricht in Mittelhessen zu schaffen ist, entschieden wir, in der Projektwoche an den Plöner See zu fahren. Meine Frau war als weibliche Begleitperson mit unserem 20 Monate alten Sohn dabei, während unsere größeren Kinder eine ungestörte Zeit bei Freunden verbrachten. Das Quartier in der Segelschule war – vorsichtig ausgedrückt – einfach. Es gab bei der Ankunft lange Diskussionen, ob wir nicht wieder abreisen sollten. Der Staub unter den Betten hätte vom Vorjahr gewesen sein können. Das Wetter war, wie in Norddeutschland üblich, abwechslungsreich. Es war eine Herausforderung. Aber wir lernten einander kennen, lernten Kompromisse zu schließen, aus dem Vorhandenen das Beste zu machen, bewusst die sonnigen Stunden zu genießen. Es war ein guter Start in die vielfältigen Reisen, die noch vor uns lagen. Die Struktur, einen Jahrgang über drei Jahre durch die Oberstufe zu begleiten, brachte u. a. auch den Vorteil, dass man nicht nur sehr entspannt miteinander planen konnte, was man auf dem Weg zum Abitur akademisch zu bewältigen hatte, sondern auch, was man Schönes gemeinsam gestalten und erleben wollte. Wir hatten Zeit füreinander.

Der Zugang zu Lebensfragen im Religionsunterricht wird meines Erachtens immer noch viel zu oft über Texte versucht. Dabei sind Musik, Bilder und Filme schon seit Langem die Sprache, in der sich viele Jugendliche viel eher ansprechen lassen. Gemeinsam mit einer Kunstlehrerin entschloss ich mich daher, mit dieser Klasse für ein halbes Jahr Marc Chagall und seine Bilder der biblischen Botschaft als Ausgangspunkt für unseren Unterricht zu wählen. Neben dem Betrachten von Bildern entschieden wir uns dazu, auch seine Kirchenfenster zu thematisieren. Wir taten dies nicht, weil diese in der direkten Erfahrungswelt der meisten Schüler*innen lagen – nur wenige betraten mehr als einmal pro Jahr ein Kirchengebäude –, sondern weil es Anlass zu Reisen in die nähere wie weitere Umgebung gab. Eine erste Exkursion führte zu einer Kunstglaserei in die Wetterau. Die Jugendlichen erhielten einen Einblick in die handwerklichen Tätigkeiten dieser für sie eher fremden Kunst. Die zweite Tour ging nach Mainz. Die Kirchenfenster von St. Stephan wurden uns von dem damals 68-jährigen Pfarrer Klaus Mayer erläutert.[1] Auch wenn

---

[1]   Einen guten ersten Einblick in das großartige Kunstwerk findet man hier: https://www.youtube.com/watch?v=ccfTJOvJoSk

seine Erklärungen für die meisten damals wohl zu ausführlich waren, spürten doch alle die Besonderheit, dass da ein Mensch war, der mit Marc Chagall über viele Jahre hin persönlich zusammengearbeitet hatte. Sie ahnten etwas von dem besonderen Geschenk und Zeichen der Versöhnung, das der berühmte jüdische Künstler mit diesen tiefblauen Kirchenfenstern als über 90-Jähriger geschaffen hatte.

Für das Betrachten von Chagalls Fenstern im Straßburger Münster und der Chapelle des Cordeliers in Sarrebourg fuhren wir von Freitag auf Samstag ins benachbarte Frankreich. Ein kunstinteressierter Vater begleitete uns mit seinem Pkw als zusätzlicher Fahrer. Das 12 Meter hohe und 7,5 Meter breite Fenster in Sarrebourg war beeindruckend! Aber noch stärker in Erinnerung blieb die Nacht in der Herberge. Wir hatten uns nach dem Abendessen mit der Abschlussrunde des Tages schon auf die Zimmer zurückgezogen, als einer der Schüler recht aufgelöst zu mir kam. Er machte sich große Sorgen um einige Mitschüler. Diese hatten zu diesem Zeitpunkt wohl schon viel zu viel Rotwein getrunken. Ich appellierte an ihre Verantwortung füreinander, brachte zum Ausdruck, dass ich erwarte, dass sie erst einmal für ihre Klassenkameraden da sein sollten. Letztlich haben sich die Nüchternen um die anderen gekümmert. Wir überstanden die Nacht. Die Zimmer wurden sauber hinterlassen. Das Frühstück und die Rückfahrt waren ruhig. Am folgenden Montag waren die drei Trinkfreudigsten schon vor mir in der Schule. Sie warteten bereits an meinem Büro, als ich um 7.30 Uhr dort ankam. Kleinlaut entschuldigten sie sich. Alle versprachen, dass sich so ein Ereignis nicht wiederholen würde. Die Perspektive vor Augen, dass wir ja noch mehr als vier Semester vor uns hatten, nahm ich sie beim Wort. Mit dem begleitenden Vater hatte ich nach der Rückkehr am Sonntag noch ein gutes Gespräch gehabt. Wir waren uns einig, dass wir auf den übermäßigen Weinkonsum Einzelner hätten verzichten können. Trotzdem blickten wir dankbar auf die Tage zurück.

Im Laufe des Chagall-Projekts entdeckten Schülerinnen Gedichte, die der Maler in französischer Sprache geschrieben hatte. Die Französisch-Lehrerin war schnell dafür zu gewinnen, auf diese Gedichte in ihrem Unterricht einzugehen. So entstand der Wunsch, in einer großen Ausstellung neben Kunstdrucken von Chagalls Gemälden, Dia-Aufnahmen von Kirchenfenstern auch Gedichte in französischer Sprache sowie eigene Übertragungen ins Deutsche zu präsentieren. Nach ungezählten Telefonaten und mehreren Briefen bekamen wir mehr als 30 Großdrucke (die man damals für jeweils 20–40 Mark kaufen konnte) kostenlos von den Verlagen geschenkt. Wir entdeckten eine kleine Schreinerei, die uns kostengünstige Rahmen nach unseren Vorstellungen anfertigte. Letztlich dauerte es zwar länger als geplant, bis wir die Ausstellung im Frühjahr eröffnen konnten. Aber auf diese Weise sahen nicht nur Eltern etwas von dem, was wir erarbeitet hatten, sondern es gab auch etliche „schulfremde" Besucher*innen, die an Chagalls Werk Freude hatten. Das Interesse der Jugendlichen an dem Künstler war so groß, dass wir entschieden, bei der im Herbst 1992 anstehenden Studienfahrt in die Toskana den Rückweg über Nizza zu nehmen, um dort das Museum der Biblischen Botschaft zu besuchen. Wir fuhren von dort aus auch nach St-Paul-de-Vence, wo Chagall bis zu seinem Tod 1985 gelebt hatte, um etwas von dem Licht und der Atmosphäre zu spüren, die das Werk so vieler Maler stark beeinflusst hat.

Die Entscheidung, zur Studienfahrt in die Toskana zu reisen, habe ich nicht uneigennützig unterstützt. Bis dahin hatte ich von der Schönheit der Landschaft und den Kunstschätzen in Florenz, Pisa und Sienna nur gehört. Mit vier Kindern im Alter von 2 bis 11 Jahren waren Kulturreisen nicht gerade das, was in den kommenden Jahren auf unserem Familienurlaubsprogramm stehen würde. Es war also auch mein persönliches Interesse, dort Kultur und Natur zu erleben.

So viel Schönheit!

Ein Quartier in den Weinbergen wurde so gewählt, dass wir von dort aus in Tagestouren nach Florenz, Vinci, Pisa und Sienna einen ersten Einblick in die kulturelle Vielfalt bekommen konnten. Gleichzeitig konnten wir eine entspannte und erholsame Zeit miteinander verbringen. In großen Jugendgästehäuser kommt man meines Erachtens oft nur schwer zur Ruhe. Die Abgeschiedenheit eines Weingutes wirkt dagegen auch auf die Jugendlichen entspannend. Was das Programm anging, galt jederzeit, dass weniger mehr ist. Egal wohin man reisen mag, ist es eine Illusion, bei einem ersten Besuch „alles" sehen zu wollen. Es ging immer darum, einen kurzen Einblick zu geben, auf den Geschmack kommen zu lassen. Türen sollten geöffnet werden. Es wurde Zeit gegeben, sodass Interessierte sich länger mit einzelnen Aspekten beschäftigen konnten. Wenn wir davon überzeugt sind, dass Menschen von etwas neu berührt werden, dann sollten wir auch Raum dafür geben, dass solche Erfahrungen „nachschwingen" können, Resonanz möglich ist. Manche schreiben gerne Tagebuch, andere fertigen Skizzen an. Einige tauschen sich gerne über das Erlebte aus. Wie schön ist es, wenn einfach Zeit für das ist, was den Einzelnen guttut.

Als wir am letzten Tag von der Toskana aus aufbrachen, hielten wir noch an einem Supermarkt, um uns mit Getränken, Obst und Snacks für die Fahrt zu versorgen. Einige Jungen verspäteten sich um 10 Minuten. Sie entschuldigten sich wortreich. Sie waren sichtbar zerknirscht, dass wir wegen ihnen warten mussten. Es hatte an der Kasse Probleme gegeben. Erst als wir schon eine Weile weitergefahren waren, fiel mir auf, dass dies auf der gesamten Reise das erste Mal war, dass überhaupt eine*r zu einem Treffpunkt verspätet erschienen war. Etliche von ihnen waren im Unterricht mit großer Regelmäßigkeit unpünktlich. Hier auf Reisen war es anders. Offenbar gelang es, das eigene Verhalten so zu steuern, dass es der Gesamtgruppe gut ging. Wenn es im Ausnahmefall doch nicht gelang, dann entschuldigte man sich. Zurück in der Schule wurde das in der Ferne Erlernte jedoch nicht fortgesetzt.

Als großes Finale des Reisens war Segeln in Griechenland als Reiseziel für den Frühling 1994 gewählt worden. Daher musste im Herbst 1993 zuvor gespart werden – bestenfalls sogar gemeinsam Geld verdient werden. Unsere Schulsekretärin kam vom Kaiserstuhl. Sie hatte in ihrer Verwandtschaft etliche Winzer. Zwar konnten wir nicht auf Abruf bereit sein, sondern nur für zwei vorab im Kalender geplante Wochen dort helfen. Nach vielen Gesprächen erhielten wir vor Ort kostenloses Quartier in einem Gemeindehaus und die Zusage, bei der Arbeit eingesetzt zu werden. Die Schüler*innen stimmten zu, dass wir unser Glück dort bei der Weinlese versuchen wollten. Das Wetter war regnerisch, wir konnten letztlich nur an einigen Tagen mitarbeiten und haben dort keine großen Einnahmen gemacht. Aber die vielfältigen Erfahrungen waren wertvoll und wir haben zumindest einen kleinen Einblick in das Leben der Winzer bekommen. Unser zu dieser Zeit drei Jahre alter Sohn wollte nach den beiden Wochen Weinbauer werden. Auch wenn er sich inzwischen beruflich anders orientiert hat, war es ein Indiz dafür, dass wir als Eltern nicht nur den Jugendlichen, sondern auch ihm genügend Aufmerksamkeit geschenkt hatten. Zur Abiturfeier im Jahr darauf gab es Wein aus diesem Anbaugebiet. Die Etiketten der Flaschen waren natürlich speziell für diesen Anlass gestaltet worden.

Abiturjahrgang 1994 auf Abschlussreise in Griechenland

Am 21. Mai 1994 ging es mit drei gut gepackten Kleinbussen in den Süden. Einer der Kleinbusse war unser Familienauto. Die beiden anderen wurden uns von Eltern, deren Kinder mitreisten, zur Verfügung gestellt. Unsere vier Kinder hatten wir bei Freunden verteilt. Meine Frau war als Fahrerin und weibliche Begleitperson dabei. Zwei gute Freunde hatten sich Urlaub genommen, sodass wir vier Fahrer*innen für drei Kleinbusse waren. Bevor wir uns auf den Weg machten, nahm mich ein Vater direkt vor der Abfahrt an der Schule zur Seite. Irgendetwas gab es wohl noch zu besprechen. Er überreichte mir einen Umschlag und sagte: „Machen Sie etwas Schönes mit der Klasse. Aber Sie müssen mir versprechen, dass Sie nie jemandem sagen, von wem Sie das Geld bekommen haben." Ich habe mein Wort gehalten. Es waren zweitausend Mark in dem Umschlag! Zweitausend Mark in bar! Ich konnte nicht ahnen, wie gut wir diese Unterstützung sehr bald gebrauchen konnten. Nach einer Übernachtung in Como ging es in Venedig auf die Fähre – durch den Canale Grande hinaus auf die Adria und für 36 Stunden Richtung Patras. Zur Ruhe kommen. Unterwegs auf dem Meer. Anderthalb Tage einfach nur da sein. Das Ziel erreichen, ohne dafür auch nur noch den kleinsten Handschlag tun zu müssen. Wohltuende Ruhe nach der wochenlangen Anspannung während der Abiturprüfungen und den eintausend Kilometern im Kleinbus. Am Festland angekommen, besuchten wir für fünf Tage historische Stätten in Athen und auf der Peleponnes, die Akropolis, Olympia, Mystras, Delphi. Die an Geschichte, Kultur und Philosophie Interessierten haben inhaltlich an ihr Vorwissen anknüpfen können. Aber auch bei denjenigen, deren größte Freude es war, abends noch im Meer zu schwimmen, ist ein Hauch der Faszination der Antike hängen geblieben – eine Ahnung davon, dass es da noch so viel mehr gibt, als sie bisher in ihrer mittelhessischen Welt erfahren hatten. Ab Samstag wollten wir dann von Lavrio aus für eine Woche in den Kykladen segeln. Das versprochene Segelboot mit Hilfsmotor erwies sich als Motorboot mit Hilfssegel. Meterhohe Aufbauten verstärkten die Wirkung der Wellen. Wir verließen das Festland am frühen Abend. Keine drei Stunden nach dem Auslaufen aus dem Hafen waren wir – mit Ausnahme von zwei Schülerinnen – alle dabei, „die Fische zu füttern." Irgendwie überstanden wir diese schrecklichen Stunden und erreichten die Insel Kea. Aber bereits am frühen Morgen legten wir zu unserem Entsetzen wieder ab. Angeblich durfte das Schiff dort nicht länger liegen. Der Kapitän meinte, der Wind sei weniger. Aber die Wellen wie tags zuvor. An unserer Seekrankheit änderte sich gar nichts. Auf mein unmissverständliches Drängen hin lief Kapitän Sylvester nach vier Stunden den Hafen der nächsten Insel an. Überglücklich gingen wir in Kithnos an Land. Nach kurzer Aussprache im Klassenrat entschieden wir einstimmig, dass wir das Schiff nur noch betreten würden, um unser gesamtes Gepäck herunterzuholen. Niemand träumte mehr vom Segeln. Die nächste Fähre zum Festland würde erst am übernächsten Tag kommen. Aber wie wohltuend war es, die Schlafsäcke auf dem harten Beton am

Ufer auszurollen. Alle waren sicher, dass die kommenden beiden Nächte dort auf dem harten Boden wesentlich entspannter sein würden. Das uns zu Beginn der Reise geschenkte Geld reichte nicht nur dafür, die Fährkosten zu bezahlen, sondern auch für die Übernachtungskosten in dem einfachen Freizeitheim, in dem wir schon zuvor unser Quartier bezogen hatten. Was für ein Geschenk! Drei Tage in einem Vorort von Athen, nahe Kap Sounion. Einfach so. Ohne Programm! Einfach da sein können! Morgens in Ruhe miteinander überlegen, wie wir diese Stunden nutzen konnten! Manche wollten vor allem an den Strand. Mit anderen fuhren wir nochmals in die Stadt. Abends übten wir gemeinsam auf dem großen Innenhof die Grundschritte vom langsamen Walzer, Cha-Cha-Cha und Jive für den Abiball. Das Erlernen der griechischen Sprache schien nicht interessant zu sein. Aber es reichte dafür, dass die Endung „os" auch im Deutschen benutzt wurde. Man begrüßte sich mit „Guten Morgos", lobte beim Abendessen „Primos Kartofflos" und betitelte sich gegenseitig liebevoll scherzhaft auch schon mal als „Idiotos Maximos". Ein Teil des Abistreiches bestand kurze Zeit danach darin, das Schulgebäude in Papier „einzuwickeln". Die Aufschrift der von sich selbst Überzeugten lautete dementsprechend dann auch „EHROS WEM EHROS" gebührt.

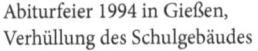

Abiturfeier 1994 in Gießen, Verhüllung des Schulgebäudes

Uli Marienfeld mit Sohn Sascha

Zum Abschied erhielt ich neben einem Straßenschild „Marienfelder Straße" auch eine Chagall-Lithografie geschenkt. Als Christo im Jahr darauf den Berliner Reichstag verhüllte, fand sich die Hälfte des Jahrgangs zusammen, um sich mit mir das Schauspiel dort anzuschauen. Der Blick auf das Schöne ist vielen von ihnen auch darüber hinaus erhalten geblieben. In den folgenden Jahren erreichten mich zwei Postkarten von Schüler*innen dieses Jahrgangs. Eine aus Paris mit einer Aufnahme aus dem dortigen Opernhaus, die andere von einem Gebäude der UNO in New York – beide zeigten Werke von Marc Chagall.

Im Sommer 2019 trafen wir uns nach 25 Jahren mit fast allen wieder. Es ging mit keinem einzigen Wort um die Abiturnoten. Wir lachten viel, sprachen über das Leben, das jede*r gerade jetzt meisterte, die schweren und schönen Erfahrungen der letzten Jahre. Es ging um Partnerschaften, Kinder, zerbrochene Beziehungen, Krankheiten, Tod und die Kraft, trotzdem weiterzumachen. Wir konnten an das anknüpfen, was „wie gestern" vielen noch so lebendig war. Soweit ich es mitbekommen habe, ging es in keinem der Gespräche um Inhalte der Abschlussklausuren, aber im Rückblick sprach man häufig über besondere Begegnungen, über Emotionen und Schönes, an das man sich auch nach Jahrzehnten dankbar erinnerte.

Beppo, der Busfahrer

Beim Planen einer Pragreise hatte ich von Ladislav Vokaty, einem jungen und engagierten Experten für nachhaltiges Reisen (www. versum.cz) den Hinweis bekommen, für die Busreise doch einmal Bertold Bick anzufragen. Der Tipp erwies sich als Glücksgriff. Bei dem kleinen Unternehmen fuhr – und fährt bis heute – Beppo, der Chef, selbst. Nach der ersten gemeinsamen Prag-Reise folgten Skikurse in die Schweiz und Reisen nach Griechenland. Als ich Jahre später nach Düsseldorf umzog, habe ich weiterhin das eine oder andere Mal bei Beppo nach einem Bus gefragt. Ich war froh, in ihm einen zuverlässigen Partner zu haben.

Wer öfter Reisen mit Schüler*innen, Sportvereinen oder Kirchenchören plant, der kann ein Lied davon singen, dass das nicht immer nur helle Freude ist. Beppo, so wurde Bertold Bick von allen genannt, war anders. Seine Antworten waren stets klar und seine Zusagen zuverlässig. Der Bus war spätestens eine Stunde vor Abfahrt am Treffpunkt. Wenn wir eine sehr weite Strecke vor uns hatten, kümmerte ich mich um eine Übernachtung für ihn sowie einen sicheren Parkplatz für den Bus. So konnte er bereits am Vorabend zum Abfahrtsort kommen. Er war äußerst flexibel, was die Gestaltung der Reiseroute anging. Es tat auch den Schüler*innen gut zu wissen, dass sie nicht irgendeinen Bus verschmutzten, sondern es klar war, dass bei jedem längeren Halt sowie am Ende der Fahrt in Beppos Bus wieder aufgeräumt wurde. 2003 waren wir für zwölf Tage gemeinsam in Griechenland unterwegs. Da Beppo sich stets an alle Vorschriften hält, hatte er einen zweiten Kollegen dabei, der mit uns bis nach Italien fuhr. Ein anderer kam auf dem Rückweg in der Schweiz dazu. Er übernahm die restliche Heimfahrt. Wie Beppo, hatten auch die anderen Busfahrer offenbar große Freude an ihrer Tätigkeit. Burkhard, der junge Mann, der in Chiasso zustieg, um dann die restliche Strecke zu fahren, arbeitete ansonsten in einem anderen Beruf. Er nutzte seinen Busführerschein, um immer mal wieder diese großen Fahrzeuge zu bewegen und in Europa herumzukommen. Da der Proviant der meisten Schüler*innen schon aufgebraucht war, die Preise und das Angebot an den Raststätten der Schweiz aber nicht den Bedürfnissen der Jugendlichen entsprach, fragte ich vorsichtig, ob wir in Deutschland möglichst bald an einem der Schnellrestaurants mit dem goldenen M halten könnten. Voll Entsetzen sah er mich an. Vorwurfsvoll hörte ich ihn antworten: „Das können wir doch nicht machen. Diese jungen Menschen müssen eines Tages doch unsere Rente bezahlen. Wir sollten darauf achten, dass sie gut ernährt werden und lange gesund bleiben." Natürlich kannte er den nächstgelegenen Rasthof mit entsprechendem Angebot. Auch weil wir uns einig waren, Fast Food möglichst zu vermeiden, denke ich noch heute gerne an seinen Humor und die Freude, die er beim Lenken des Busses ausstrahlte.

Mit Beppo war es in Griechenland einfach unkompliziert. Ob wir kurz entschlossen doch eine andere Sehenswürdigkeit in die Tour aufnahmen, wir eine allgemeine Einkaufstour zum nächsten Supermarkt ergänzten oder die Schüler*innen am Abend noch für 5 Stunden in die Disco wollten – solange die vorgeschriebenen Ruhezeiten eingehalten wurden, machte Beppo alles möglich. Unsere einzigen Differenzen bestanden jeweils darin, wer von uns beiden die Rechnung für den Kaffee bezahlen durfte, zu dem wir uns mindestens einmal am Tag verabredet hatten. In den vielen Jahren habe ich manchmal auch andere Unternehmen gebucht – über etliche diese Erfahrungen möchte ich hier besser nicht schreiben.

„Gut, dass Du da bist"

Jens Wagner – Abitur 1994

Meine Reise führte mich 1991 von Norddeutschland nach Gießen. Damals war ich 17 und auf der Suche nach Orientierung, Halt und Sinn. Immerhin war die Suche nach einer Schule erfolgreich. Sie führte mich auf die August-Hermann-

Franke-Schule. Eine wichtige Station auf meiner Reise. Denn dort hatte ich das Glück, mit Uli Marienfeld einen Klassenlehrer zu bekommen, der mir Türen öffnete.

*Es gab in den zweieinhalb Jahren an der AHF einige Momente, in denen ich wechseln oder abbrechen wollte. Doch die Art und Weise, mit der Uli Marienfeld mich und die anderen mitnahm, hielten mich bis zum Abitur davon ab. Denn er gab mir, der ich damals nicht in der Lage war, Ja zu mir selbst zu sagen, das Gefühl „Gut, dass Du da bist!". Ein Gefühl, das ich in meiner Schulzeit nur bei sehr wenigen Lehrer*innen spürte. Ich habe diese Haltung damals nicht verstanden, doch sie gab mir Halt, und sie fühlte sich glaubhaft, ehrlich und gut an. Ich fühlte mich gesehen!*

Darüber hinaus war Uli Marienfeld ein Lehrer, der uns beibrachte, die Welt auch abseits des Lehrplans zu entdecken. Seine grenzenlose Neugier, seine Lust und Begeisterung, neue Welten zu entdecken, seine Menschlichkeit, sein Denken in Möglichkeiten und insbesondere seine Ruhe und Gelassenheit, mit denen er, der vierfache Familienvater, uns mitriss, machten mir Mut, gaben mir ein Stück der Geborgenheit und vor allem der Orientierung, die ich damals suchte. Uli lebte – und zwar unabhängig von christlichen Wertekatalogen und dadurch für mich annehmbar – humanistische Werte wie Menschlichkeit, Toleranz, Respekt und Gerechtigkeit. Und zwar vom täglichen Miteinander in der Schule und auf Klassenfesten über die Projekte, die wir gemeinsam durchführten, bis hin zu den großartigen Reisen, die wir unternahmen. Ich glaube, ich habe in meiner gesamten Schulzeit davor nicht so viele und vor allem so beeindruckende Klassenfahrten miterleben dürfen wie in den zweieinhalb Jahren meiner Gießener Schulzeit. Ob Skifahren, Weinlese im Breisgau, Brüssel, Toskana, Nizza und Griechenland, inklusive Besuchen von Olym-

pia und Athen sowie dem Segelboottrip von Insel zu Insel. Auf diesen Reisen lernte ich, wie einzigartig und großartig die Welt ist! Und dass es sich lohnt, sie zu entdecken. Übrig geblieben sind Bilder vom gemeinsamen Singen am Lagerfeuer, vom nächtlichen Klettern über Felsen, vom Klippenspringen in die Ägäis und von Gemeinschaft und Wertschätzung.

Vieles konnte ich erst nach meiner Schulzeit begreifen und wertschätzen. Umso mehr hat es mich auf meinem weiteren Weg geprägt. Ich blicke mit Dankbarkeit und Demut auf meine Gießener Schulzeit zurück. Und ich bin froh, dass meine Kinder ähnlich lernen dürfen. Mit der Freude am Entdecken und daran, die Welt zu erschließen, mit einer großen Neugier, dem Vertrauen in sich selbst und schlicht und ergreifend dem Spaß am Lernen. Dass auch sie Pädagog*innen treffen dürfen, die ihre Integrität achten, sie in ihrer Einzigartigkeit annehmen und fördern und sich auf ihr Tempo einlassen.

Es ist wichtig, neue Räume zu erkunden, Kulturen und Perspektiven zu entdecken, Vielfalt, Toleranz und Mitgefühl zu erleben und zu leben. Und es braucht Menschen, die einem all dies vorleben, uns zeigen, wie das geht. Einer, von denen ich das lernen durfte, ist Uli Marienfeld. Er hat mir Türen geöffnet, gegen die ich wahrscheinlich gerannt wäre, und mir dadurch geholfen, mir so manchen Umweg zu ersparen.

„Alles ist mir erlaubt, aber nicht alles dient zum Guten."

Tobias Popovic – Abitur 1994

*„Alles ist mir erlaubt, aber nicht alles dient zum Guten",
schreibt der Apostel Paulus im 1. Korintherbrief 6,12. Gleichzeitig ist das eine ganz zentrale Botschaft, die ich von Uli Marienfeld aus dem Reli-Unterricht in der Oberstufe mitgenommen habe. Nicht unbedingt, weil wir intensiv über diesen Vers
diskutiert hätten, sondern weil Uli uns Schülern die Freiheit,
Weite und Offenheit des Glaubens, die in diesem Vers zum
Ausdruck kommen, im Schulalltag authentisch vorgelebt hat.
Dadurch hat er uns auch den Blick für vieles geöffnet und uns
immer wieder spannende Perspektivwechsel vornehmen lassen. Sei es z. B. das – heute würde man sagen – interdiszi-
plinäre Chagall-Projekt, bei dem wir über einige Wochen in
Reli und Kunst das Leben und Wirken von Chagall auf unterschiedliche Weise kennenlernen durften. Das hat Horizonte
geöffnet, nicht zuletzt durch Ausflüge nach Mainz, Metz und
Nizza (Letzteres auf dem Rückweg von einer Studienfahrt
in die Toskana), auf denen wir Kirchenfenster und Gemälde
von Chagall aus nächster Nähe betrachten konnten. Weitere
Studienfahrten an den Kaiserstuhl, wo wir bei der Weinlese
mithalfen (soweit es das Wetter zuließ) oder nach Griechenland öffneten uns den Blick für andere Lebenswelten, Länder,
Kulturen und geschichtliche Zusammenhänge. Im Reli-Unterricht bekamen wir die Aufgabe, anhand von Referaten Theo-
logen, die auch große Philosophen waren, vorzustellen. Dadurch wurde mir z. B. bewusst, dass Albert Schweitzer nicht
nur der berühmte „Urwalddoktor" war, sondern auch bahn-
brechender Theologe (Leben-Jesu-Forschung) und Ethiker.*

In meinen Wirtschaftsethikvorlesungen diskutiere ich heute mit den Studierenden die Frage, inwiefern Schweitzers Ethik der Ehrfurcht vor dem Leben bei der Bekämpfung des Klimawandels helfen kann oder inwiefern Schweitzer als Prototyp eines Sustainable Entrepreneur *gelten könnte. Vielleicht ist Schweitzers Ethik heute angesichts der globalen ökologischen und gesellschaftlichen Herausforderungen aktueller denn je.*

Dankbar bin ich heute dafür, dass wir durch diese unbeschwerten, aktivierenden und motivierenden Formate im vernetzten Denken, in der kritischen Reflexion, im Verlassen der ausgetretenen Mainstream-Pfade und im Out-of-the-Box-Thinking *geschult wurden. So kamen wir im Mathe-Unterricht nicht nur mit Ideen von Stephen Hawking, sondern auch mit der von Benoît Mandelbrot mitentwickelten Chaostheorie in Berührung. Die Chaostheorie begegnete mir wieder, als ich nach 2009 anhand des Buchs „The Black Swan. The Impact of the Highly Improbable"[2] von Nicolas Nassim Taleb in meinen Vorlesungen über die Ursachen und den Verlauf der Finanz-, Wirtschafts- und Schuldenkrise diskutierte. Wer weiß, ob ich ohne diese Art von unorthodoxem Mathe-Unterricht überhaupt über den – aus meiner Perspektive sehr wertvollen – Erklärungsansatz von Taleb bei der Vorlesungsvorbereitung gestolpert wäre.*

Bei Uli Marienfeld habe ich immer ein offenes Ohr für die Anliegen seiner Schüler wahrgenommen und nicht zuletzt die Neugier, gemeinsam mit den Schülern ihre jeweiligen Interessen, Begabungen und Potenziale zu entdecken und sie bei deren Entwicklung zu unterstützen. Rückblickend würde ich

---

[2] Nassim Nicholas Taleb: The Black Swan. The Impact of the Highly Improbable. New York 2007, dt. Ausgabe: Der Schwarze Schwan. Die Macht höchst unwahrscheinlicher Ereignisse, München 2008

sagen: eine gesunde Mischung aus Fördern und Fordern. Vielleicht am meisten beeindruckt hat mich Ulis wertschätzende Art und sein echtes, wohlmeinendes Interesse am Gegenüber. Vielleicht hat diese besondere Art auch mit seinem lebendigen Glauben zu tun.

Renovieren in Graz

Die Idee, das Reisen auch zu nutzen, um woanders praktisch zu helfen, gewann an unserer Gießener Schule auch deshalb an Attraktivität, weil klar war, dass das für Reisen zur Verfügung stehend Geld begrenzt war. Wer eine große Abschlussreise machen wollte, musste für den Herbst davor erfinderisch werden. Irgendwie wollte man ja doch reisen. Im Frühjahr 2003 kündigte eine Klassenlehrerin der Oberstufe an, dass sie zum Schuljahresende beruflich neue Wege gehen wollte. Da ich zu dem Zeitpunkt Abiturienten abgab, bot es sich an, dass ich die Klasse für das letzte Jahr übernehmen würde. Wohin sollte es im Herbst gehen? Da einige der Jungen handwerklich sehr begabt waren, suchten wir nach einem Projekt, bei dem wir für gut zehn Tage mitarbeiten konnten. Von Freunden hatte ich gehört, dass eine Kirchengemeinde ihr Gemeindehaus in Graz mit viel Eigenleistung renovieren wollte. Sie freuten sich über Unterstützung. Wir vereinbarten, für Kost und Logis dort anderthalb Wochen mitzuarbeiten. Abends würden wir bei einem bunten Kulturprogramm entspannen. Einige der Schüler*innen kamen aus mittelhessischen Dörfern. Sie waren seit frühester Kindheit im landwirtschaftlichen bzw. handwerklichen Umfeld zu Hause. Sie kannten körperliche Arbeit nicht nur aus der Literatur. Es gab aber auch etliche, die noch nie einen Hammer benutzt hatten – von einer Bohrmaschine oder anderem Werkzeug ganz zu schweigen. Was für eine Freude war es, wie jede*r Schritt für Schritt entdecken konnte, wo man sich am Bau einbringen konnte. Wir hatten täglich einige Handwerker dabei, die einen guten Blick dafür hatten, welche Herausforderungen sie Einzelnen zumuten konnten. Waren die einen mehr mit Rolle und Pinsel unterwegs, gab es andere, die am Abend nur ungern die Hilti aus der Hand gaben. Für einen Abend hatten wir günstige Opernkarten erhalten. Eigentlich wollten wir um 15.00 Uhr das Arbeiten beenden, aber fast alle wollten dieses und jenes noch zu Ende bringen. Als wir uns letztlich gegen 18.00 Uhr mit der Straßenbahn auf den Weg machten, hatte es bei etlichen zwar zum Umziehen gereicht, aber an den Unterarmen und Händen war immer noch zu erkennen, mit welchen Farben zuletzt gestrichen wurde. Sich zu waschen, ist für manche Jungen in diesem Alter nicht nur nach dem Sportunterricht immer noch kaum vorstellbar.

Flops – oder was nicht unbedingt passieren muss

Studienfahrten sind häufig Zeiten, in denen das Miteinander von Schüler*innen und Pädagog*innen fast reibungslos zu gelingen scheint. Aber auch dort kann es massive Probleme geben und das in die Jugendlichen gesetzte Vertrauen enttäuscht werden. Manchmal bringen sie sich selbst in Gefahr. Manchmal werden andere Menschen in Mitleidenschaft gezogen. Solche Ereignisse sind nicht erfreulich. Aber auch wenn so etwas passiert, ist das kein Grund, auf das Reisen zu verzichten.

Den vermutlich größten Schrecken auf einer Studienreise bekam ich, als wir im Herbst 1992 mit unseren Kleinbussen auf dem Weg von der Toskana nach Nizza waren. Wir hatten kurz vor der Grenze noch einmal auf einem Rastplatz gehalten, als mich einer der anderen Fahrer darauf aufmerksam machte, dass einige meiner Schüler auf der anderen Seite der viel befahrenen Autobahn standen. Ich war wie erstarrt. Dankbar realisierte ich nur wenig später, dass alle wieder gesund über die Fahrbahn zurück auf den Rastplatz kamen. Meine Frage, was denn das für eine Aktion gewesen sei, wurde mit völliger Naivität unschuldig beantwortet: „Herr Marienfeld, Sie hätten das Meer sehen müssen. Einfach großartig. So unfassbar schön!" – Ich beließ es für den Moment dabei. Wir würden am Abend in Nizza über die Konsequenzen reden. Mir war durchaus danach, die drei noch am gleichen Abend in den Zug nach Hause zu setzen. Aber ich war mir nicht sicher, auf was für Gedanken sie dabei kommen würden. So beließ ich es dabei, dass sie mir nach Rückkehr einen schriftlichen Bericht geben sollten, in dem sie auch darauf eingehen mussten, welche Strafe das Überqueren der Autobahn als Fußgänger in Deutschland nach sich zieht.

War es auf dieser Reise ein Einzelfall, häuften sich die No-Gos einige Jahre danach auf Malta. Es war lange nicht so gefährlich. Aber durch das übermütige Verhalten der Jugendlichen wurden andere Menschen belästigt. Der Abi-Jahrgang 2000 war der einzige, mit dem ich jemals für eine Woche in einem Hotel einquartiert war. Der Preis für Halbpension in der Vorsaison war so günstig, dass der von Eltern und Schule gesetzte Rahmen nicht einmal ausgeschöpft wurde. Die Schule war inzwischen so weit gewachsen, dass wir fast 50 Abiturient*innen in diesem Jahr hatten. Segeln und Camping waren für diesen Jahrgang uncool. Wir entschieden uns, mit den zwei Klassen an den gleichen Ort zu reisen, waren aber in zwei verschiedenen Hotels untergebracht. So konnten wir manche der Aktivitäten gemeinsam angehen, waren aber im Großen und Ganzen in kleineren Gruppen unter uns. Bereits am zweiten Tag traf ich den Kollegen nach dem Frühstück recht zerknirscht. Es hatte Ärger in seinem Hotel gegeben. Nachts waren wohl etliche Schüler nochmals in den Pool auf dem Hoteldach gesprungen. Sie hatten dabei auch einige der Plastikstühle versenkt. Verständlicherweise fand das Hotel-Management die Aktion überhaupt nicht witzig. Die „Täter" hatten sich noch nicht einmal gemeldet. Er tat mir leid. Eigentlich hatte er doch die brave Klasse. Später im Laufe des Tages stellte sich heraus, dass es tatsächlich auch keiner seiner Schüler gewesen war. Einige meiner Jungen hatten ihren Freunden einen Besuch abgestattet. In ihrem Übermut hatten sie dann auch beim Pool ihrem jugendlichen Leichtsinn freien Lauf gelassen.

Zwei Tage später waren es zwei andere Jungen meiner Klasse, die am späten Abend die Rauchmelder im Hotel auslösten. Sie hatten zwar mitbekommen, dass das Rauchen in den Zimmern verboten war, konnten diesen Hinweis jedoch nicht selbstständig auf die Flure übertragen. Die großen Verbotsschilder dort hatten sie auch übersehen.

Wie auf Reisen üblich, besuchen die jungen Leute sich abends auch gerne auf den Zimmern. Wenn das Hotel Balkone zu einem Innenhof hat, dann bietet es sich ja fast an, dass man nicht den langen Weg über den Flur geht, sondern einfach über die Balkone klettert. Das mag auch alles nicht besonders dramatisch sein, solange man sich mit den Zimmern auskennt und nicht nachts auf dem Balkon von fremden Gästen landet.

Dann kam der letzte Tag. Das Flugzeug sollte recht früh morgens starten. Kurz nach 4.00 Uhr wurden wir mit dem Bus vom Hotel abgeholt. Natürlich hatten sich alle den Wecker gestellt. Manche allerdings so laut, dass auch die Gäste in den Nachbarzimmern um 3.45 Uhr aus dem Schlaf gerissen wurden.

Es war alles nicht böse gemeint. Mich hat es allerdings darin bestätigt, möglichst einfache Quartiere zu wählen, in denen wir abseits der Massen für uns als Gruppe allein sein können.

111

Schüleraustausch mit einer arabischen und einer jüdischen Schule in Israel (2015)

Studienreisen ins Ausland erweitern den Horizont. Es tut gut, als Gruppe in anderen Regionen unterwegs zu sein. Den Schiefen Turm von Pisa tatsächlich gesehen und die entsprechenden Fotos gemacht zu haben, ist ebenso eindrücklich wie ein Besuch der Akropolis oder von Westminster Abbey. Eine zusätzliche Dimension der Erfahrungen ergibt sich darüber hinaus durch Austauschprogramme mit Partnerschulen. Im Herbst 2015 hatte ich das Glück, eine Schülergruppe aus Düsseldorf zu den beiden Partnerschulen des FCG nach Israel zu begleiten. Für sechs Tage waren wir zuerst bei arabisch-muslimischen Familien im ländlichen Norden des Landes. Anschließend ging es für weitere sechs Tage zu einer jüdischen Schule in Haifa. Für fast alle war es die erste Reise in den Orient. Kaum eine*r war zuvor bei einer muslimischen Familie zum Essen gewesen. Großfamilien kannten die meisten nur aus TV-Serien. Es war ungewohnt, dass manche Mädchen einen Schleier trugen, andere in moderner westlicher Kleidung zur Schule kamen. Smartphones hatten alle dabei. Auch Selfie-Stangen wurden unabhängig vom Kleidungsstil bei den gemeinsamen Exkursionen eingesetzt. Wir standen bei den UNO-Posten an der Grenze zum Libanon, sahen von den Golanhöhen nach Syrien, besuchten Nazareth und den See Genezareth, bummelten durch die Altstadt von Akko. Wann immer wir mit dem Bus eine Pause auf einem Rastplatz machten, kam die Soundbox der arabischen Jungen zum Einsatz. Beim ersten Halt staunten unsere deutschen Schüler*innen anfangs nur. Die meisten ließen sich jedoch schnell von der Leichtigkeit und Begeisterung anstecken. Es brauchte keinerlei pädagogische Intervention. Das Leben hatte seinen Weg gefunden.

Am vorletzten Tag warteten wir mit dem Bus beim Abholen der Schüler*innen recht lange vor dem Haus einer Gastfamilie. Am letzten Tag rechnete ich schon mit langen Abschiedszeremonien, aber dafür war es noch zu früh. Die deutsche Schülerin kam dann nach etwa einer Viertelstunde. Die Tränen waren immer noch auf ihrem Gesicht. Als wir losgefahren waren, erkundigte ich mich bei ihr. Sie hatte sich noch von dem Opa der Familie verabschieden müssen. Er war ein so liebevoller und herzlicher Mann gewesen und würde am nächsten Tag im Nachbardorf und nicht mehr bei der Gastfamilie sein. Die Schülerin sprach kein Arabisch, der Opa weder Deutsch noch Englisch. Trotzdem hatten sie eine gemeinsame Sprache gefunden. Gastfreundschaft kann auf so vielen Wegen kommuniziert werden.

Wenn wir unsere Schüler*innen fragten, was sie rückblickend in Erinnerung behielten, waren dies ganz unterschiedliche Erfahrungen. Häufig wurde die natürliche Freundlichkeit genannt, mit der in dieser Kultur Kindern jeden Alters begegnet wurde. Ein anderer erzählte, wie unauffällig sich der Vater einmal während der Gebetszeit in sein Zimmer zurückzog, sodass er es nur zufällig bemerkte. Eine andere berichtete verwundert davon, wie viele im Raum weiter miteinander sprachen, als die Oma betete. Sie wollte sich danach bei der älteren Dame für die Respektlosigkeit entschuldigen, bekam aber zur Antwort: „Wenn ich bete, dann ist das meine Sache mit Allah. Ihr müsst euch darum nicht kümmern." In anderen Familien schien es außer kalligrafischen Kunstwerken mit den 99 Namen Gottes keine weiteren religiösen Anzeichen zu geben. Die umfassende wie vielschichtige Bedeutung der Großfamilie konnten alle erahnen. Die Herzlichkeit der Gastfreundschaft wurde geschätzt, ganz besonders die gemeinsamen Mahlzeiten. Manche brachten erstaunt zum Ausdruck, dass alle servierten Speisen aus der dortigen Region stammten und frisch zubereitet waren.

Der Kontrast zum zweiten Teil dieser Begegnungsreise wurde dann auch von etlichen zuerst an der Essenskultur beschrieben. Der Weg nach Haifa dauerte weniger als eine Stunde. Ein Kleinbus brachte uns aus der dörflichen Umgebung des Orients in eine westliche Großstadt. Es waren keine 50 Kilometer. Gefühlt war es eine andere Welt. Zum Abendessen gab es Tiefkühlpizza, die in der Einbauküche einer modernen Wohnung aufgebacken war. Es dauerte zwei oder drei Tage, bis der „Kulturschock" überwunden war. Wir hörten, woher Eltern oder Großeltern nach Israel eingewandert waren. Die Jugendlichen wunderten sich nach einigen Tagen nicht mehr, warum viele Busfahrer zwar Hebräisch, aber kein Englisch, sondern Russisch sprachen. Wir besuchten die Holocaust-Gedenkstätte Yad Vashem, lauschten dem deutsch sprechenden Überlebenden der Shoa, ließen die vielfältigen Formen der Dokumentation und künstlerischen Auseinandersetzung mit diesem Teil jüdischer und deutscher Geschichte auf uns wirken. Die Jugendlichen waren berührt. Sie erahnten, dass das „Nie wieder!" für ihre Gastgeber*innen noch eine andere Dimension hatte. Ich erinnere mich noch sehr genau, wie ich einige Jahre zuvor mit einer Gruppe dieser Schule das Konzentrationslager Sachsenhausen besucht hatte. Gemeinsam mit den israelischen Jugendlichen hatten wir uns in einer schlichten Zeremonie daran erinnert, was vielen Vorfahren der Gäste von den Vorfahren von uns Gastgebern angetan worden war. Mit Stolz und Entschlossenheit hatten die jungen Israelis zum Abschluss ihre Nationalhymne gesungen. Es gab keine Spur des Zweifels daran, dass die 16- und 17-Jährigen sehr bald zum Militär gehen würden, um das Land zu verteidigen, in dem sie nun aufwachsen und leben konnten. Als in Berlin (West) Aufgewachsener war ich nie bei der Bundeswehr gewesen. Bis heute ist eine große innere Abwehr gegen alles Militärische geblieben. Aber in diesem Augenblick war ich zutiefst beeindruckt. Da waren junge Leute, die ich in den Tagen zuvor als herumalbernd und launisch wie alle Jugendlichen kennengelernt hatte. Hier aber brachten sie nun mit Ernsthaftigkeit und Entschlossenheit zum Ausdruck, dass sie für ihre Überzeugung eintreten werden. Damit möchte ich weder die Probleme verharmlosen, die etliche der jungen Israelis mit der Verarbeitung der Zeit des Militärdienstes haben, jede aktuelle Entscheidung der israelischen Politik gutheißen oder gar die Problematik der Vertreibung der arabischen Bevölkerung verharmlosen. Aber ich möchte mich fragen, wie sehr es mit unser Bildungsarbeit gelingt, alle zu mobilisieren, sich entschlossen für den Erhalt der freiheitlich-demokratischen Grundordnung einzusetzen. Wie gelingt es uns, Jugendlichen vor Augen zu führen, dass die Bundesrepublik Deutschland aus den Ruinen einer dunklen Vergangenheit gewachsen ist? Wie bewegen wir sie dazu, ihren Beitrag dazu zu leisten, dass sich die Schrecken des Krieges und der Vernichtung nicht wiederholen, sondern sie bereit sind, sich für eine freie und tolerante Gesellschaft für alle hier Lebenden einzusetzen – unabhängig davon, ob sie hier geboren wurden oder Zuflucht gefunden haben?

An dieser Stelle möchte ich mich nochmals auf die Bialik-Rogozin-Schule in Tel Aviv beziehen. Der Journalist Norbert Kron beschreibt in seinem Buch „Ein Zuhause in der Fremde" in dem Kapitel „Reise in die israelische Seele – Yael Fisher Avitan und die universelle Lektion der Geschichte" wie die Beschäftigung mit dem Holocaust (u. a. mit Reisen nach Polen) an dieser Schule wesentlicher Bestandteil des Bildungsauftrages ist, auch wenn die Jugendlichen Muslime sind oder in Afrika bzw. Asien geboren sind. Er beendet diesen Abschnitt: „Dass die Schüler unbedingt zur Armee gehen wollen, ist nicht nur der Beweis, dass sie sich voll und ganz mit dem Land und dem Volk identifizieren, sondern auch, dass sie die Brücke zwischen dem Schicksal der

Juden und dem der freiheitlich-demokratischen Gesellschaft ge-
schlagen haben, zwischen der Geschichte des Volkes, in dem sie
leben, und der Überzeugung, dass etwas Ähnliches niemandem
mehr widerfahren darf."[3]

Die Gerechten unter den Völkern – Gespräch mit Samuel Schidem über pädagogische Erinnerungsarbeit heute

Samuel Schidem wurde in Israel geboren und lebt seit vielen
Jahren in Deutschland. Er hat Judaistik und Islamwissenschaf-
ten studiert. Beruflich war er für das Jüdische Museum Berlin,
das Dokumentationszentrum Topografie des Terrors, in Yad Vashem und zahlreichen anderen Institutionen tätig. Er ist ein ge-
fragter Experte bei Fragen zum Antisemitismus und der Erinnerungskultur. Ich habe Samuel bei der Zusammenarbeit mit dem
Drei-Religionen-Haus *House of One* in Berlin kennengelernt.
Er hat uns bei der Vorbereitung der Israelreise 2020 umfassend
beraten. Die Gespräche mit ihm sind für mich immer wieder
Inspiration, Herausforderung und eine Ermutigung, meine pädagogische Praxis kritisch zu hinterfragen und in einem erwei-
terten Horizont zu sehen.

Uli: *Welche Herausforderungen siehst Du in der aktuellen Situation der Schulen, Erinnerungskultur als wesentlichen Bildungsauftrag mit Leben zu füllen?*

Samuel: Viele engagierte Lehrer*innen haben begonnen, den
Holocaust nicht nur als historisches Phänomen mit Fakten und

---

[3] Norbert Kron, Ein Zuhause in der Fremde, Gütersloh 2017, S. 148–164

Zahlen zu behandeln. Dadurch, dass sie sich mit der lokalen Situation beschäftigen, bei Exkursionen authentische Orte besuchen und, so lange es noch möglich ist, Begegnungen mit Zeitzeugen arrangieren, ermöglichen sie es den Kindern und Jugendlichen, einen direkten Bezug zu ihrer Lebenswelt zu schaffen.

Uli: *Es geht also eher um persönliche Details als um die großen Linien?*

Samuel: Mit zunehmendem Alter sollen die Jugendlichen auch ein Verständnis für historische Rahmenbedingungen und Entwicklungen kennenlernen. Aber es geht nicht primär darum, distanziert über etwas zu lernen, das andere in der Vergangenheit betroffen hat. Es geht darum, kognitive Empathie zu entwickeln, indem ich Biografien entdecke und merke, was das mit meinem eigenen Leben zu tun hat. Dazu gehört, dass ich von Hitler, Himmler u. a. nicht nur die Namen kenne, sondern auch ein Täter-Profil entdecken kann. Ebenso kann man dann bei denen, die nicht mit dem System mitgelaufen sind, wie beispielsweise denen, die als Gerechte unter den Völkern in Erinnerung gehalten werden, Anknüpfungspunkte aufspüren, die zu mutigem Handeln in der Gegenwart inspirieren.

Uli: *Kann es bei solch einer biografischen Arbeit nicht in Vergessenheit geraten, was wir Deutsche dem jüdischen Volk angetan haben?*

Samuel: Es steht außer Frage, dass es Deutsche waren, die über sechs Millionen Juden in Europa getötet haben. Aber es geht doch auch darum, dass diese Kategorisierung überwunden werden kann. Viele getötete Juden waren im 1. Weltkrieg deutsche Soldaten. Die Herausforderung besteht auch darin, dass wir über Opfergruppen sprechen, ohne sie zu vereinheitlichen. Wir wollen doch nicht Fremdheit reproduzieren. Es geht darum, Menschen als Menschen wahrzunehmen.

Uli: *Ich erinnere mich daran, dass Joschka Fischer 2003 als Außenminister in Bezug auf den Holocaust formuliert hat: „Was haben wir uns da angetan!" Für mich war es das erste Mal, dass es nicht so formuliert war, was „wir" „denen" angetan haben. Es ist mir seither wichtig, den Schmerz darüber zu spüren, dass mit Albert Einstein und den vielen anderen brillanten Wissenschaftler*innen und Künstler*innen ein großer Anteil all der brillanten Menschen in die Flucht getrieben wurde, die in Berlin, Hamburg, Leipzig, Köln, Dresden oder München gelebt hatten. Wenn wir uns am Bebelplatz in Berlin das Mahnmal mit den leeren Regalen anschauen, das an die Bücherverbrennung 1933 erinnert, dann mahnt mich das sehr direkt, mich dafür einzusetzen, dass es in dem Land, in dem ich lebe, keine Denkverbote geben soll. Es fordert mich heraus, für Presse- und Meinungsfreiheit einzutreten.*

Samuel: Es sollte bei Erinnerungskultur immer um Menschlichkeit und Zivilcourage gehen. Wenn Zeitzeug*innen zu Jugendlichen in Schulen gehen, dann wollen sie kein Mitleid. Es geht auch nicht um Wiedergutmachung. Sie berichten davon, dass sie in einem entmenschlichenden System die Menschlichkeit nicht verloren haben. Sie haben in ihren Familien und mit Freunden einer Diktatur getrotzt, die den Wert des Individuums zu verleugnen suchte. Es geht also darum Widerstand zu leisten, wenn der Einzelne zugunsten „des Volkes" geopfert werden soll. In den USA beispielsweise ist das Studium des Holocausts immer mit den Fragen des Genozids in anderen Kulturen und Epochen verbunden. Es geht allgemein um Menschenrechte.

Uli: *Siehst Du da auch eine Möglichkeit, wie es gelingen kann, Kinder von Migrant*innen und geflüchtete Jugendliche auf das Thema anzusprechen?*

Samuel: Diese Schüler*innen haben gerade wegen ihrer Fluchterfahrung ja häufig traumatische Erfahrungen mit menschenverachtenden Systemen. Wenn es uns darum geht, dass wir eine breitere Perspektive in der Erinnerungskultur entwickeln, dann gelingt die Verknüpfung zur eigenen Biografie. Dafür wäre es u. a. auch eine große Hilfe, wenn Informationen und Führungen in Gedenkstätten auch in arabischer, türkischer und persischer Sprache zur Verfügung stehen. Für das tägliche Leben ist es zweifelsfrei wichtig, die deutsche Sprache zu lernen. Aber wenn an Erinnerungsstätten die Informationen auch in der Muttersprache gehört und gelesen werden, ebnet das viel eher das Verständnis dafür, dass es da nicht nur um „ein Problem der anderen" geht. Es ist für alle in der Bundesrepublik Lebenden wesentlich, zu begreifen, dass dieser Staat aus den Ruinen eines mörderischen Systems gewachsen ist. Das kann jungen Menschen Mut machen, deren Heimatstädte wie Aleppo jetzt in Trümmern liegen. Und es kann alle an die Verantwortung erinnern, dass Freiheit und Menschenrechte kostbare Güter sind, die von jeder und jedem auch im persönlichen Umfeld gelebt sein wollen.

Uli: *Meinst Du, dass man Erinnerungskultur dann auch schon in Grundschulen thematisieren kann?*

Samuel: Ja, das wäre auch in Grundschulen ganz natürlich möglich. Kinder verstehen etwas davon, was es bedeutet, aus einer Gruppe ausgeschlossen zu werden. Sie lernen sehr früh auch Helden kennen, die etwas Gutes tun, was andere leider nicht tun. Daher wäre es wünschenswert, wenn auch unsere Grundschüler*innen schon von den Gerechten unter den Völkern hören. Sie hätten dann unter anderem auch die Möglichkeit, festzustellen, dass etliche dieser Menschen Muslime waren, andere Kommunisten, manche Christen, einige Künstler, manche hatten studiert, andere waren reich. Es waren Menschen, die Menschen geholfen haben, weil es Menschen waren.

Uli: *Wie kann Pädagogik der Erinnerung digital und durch verschiedene Social-Media-Kanäle zugänglich gemacht werden?*

Samuel: Dazu gab es in der Vergangenheit mehrere Versuche, vom Facebook-Profil bis zum Instagram-Account. Die Aufmerksamkeitsdauer für einen Post oder ein Profil kann genau in Sekunden bemessen werden. Aus der Kürze der Zeitspannen kann man ableiten, dass sich nicht alle Formen der digitalen Nutzung für diese Themen eignen. Der Schulunterricht und verschiedene Projektinitiativen in Kombination mit Medien können eine breite Plattform sein, um junge Menschen zu erreichen. Ich bin jedoch skeptisch, was den nachhaltigen Lerneffekt von Instagram- oder Facebook-Aktionen angeht.

Schüleraustausch mit einer arabischen Schule in Israel mit Exkursionen in die Negev und ans Rote Meer (2020)

Noch bevor die Schutzmaßnahmen gegen die Verbreitung des Corona-Virus in Deutschland ab Mitte März 2020 zu bundesweiten Schulschließungen führte, war Touristen die Einreise nach Israel verboten worden. Drei Tage zuvor war ich mit einer Kollegin und 30 Schüler*innen von einer 10-tägigen Begegnungsreise von dort zurückgekehrt. Es war die erste Israelreise der ESBZ. Neben einigen Kindern aus jüdischen Familien hatten wir auch Teilnehmerinnen, deren Familien aus Palästina bzw. dem Libanon stammten. Ein Besuch in der Westbank – auch wenn dies nicht gemeinsam mit den arabisch-israelischen Gastfamilien möglich ist – war uns wichtig. Durch die langjährige Freundschaft mit dem Kollegen, den ich schon aus meiner Düsseldorfer Zeit kannte, ließ sich vieles unkompliziert planen. Freunde aus Israel und in Israel geborene Berliner*innen sowie engagierte Eltern halfen, ein Programm zu entwickeln, das es uns ermöglichte, etwas von der Vielfalt der Wunden der Menschen, der Komplexität der Konflikte und der überwältigenden Schönheit des Landes in diesen zehn Tagen zumindest zu erahnen.

Zur Vorbereitung hatten wir u. a. das Buch „Die Geschichte des anderen kennenlernen"[4] genutzt. In dem 2009 vom *Peace Research Institute in the Middle East (PRIME)*[5] in arabischer und hebräischer Sprache herausgegebenen Buch wird die Geschichte von Palästina/Israel in neun Epochen jeweils auf den linken Seiten aus israelischer und auf den rechten Seiten aus palästinensischer Sichtweise dargestellt. Die Schüler*innen der Jahrgänge 10 bis 12 hatten jeweils gemeinsam eine Epoche aus beiden Sichtweisen kurz vorgestellt. Auf diese Weise gelang es, sie schon vor

---

[4] Sami Adwan/Dan Bar-On/Eyal Naveh (Hrsg.), Die Geschichte des anderen kennenlernen – Israel und Palästina im 20. Jahrhundert, Frankfurt 2015

[5] Das Peace Research Institute in The Middle East (PRIME) ist eine gemeinnützige NGO, die 1998 von dem israelischen Psychologen Dan Bar-On und Sami Adwan, einem palästinensischen Professor für Erziehungswissenschaften an der Universität Bethlehem, ins Leben gerufen wurde. Eyal Naveh, mit Sami Adwan der derzeitige Geschäftsführer der Institution, ist Geschichtsprofessor und lehrte bis 2007 an der Universität in Tel Aviv.

Antritt der Reise dafür zu sensibilisieren, mit offenen Augen und Ohren zu reisen und dabei auch darauf zu achten, welche Geschichten uns von wem erzählt werden.

Wir landeten an einem Samstag nachmittags am Flughafen Ben-Gurion. Die Einreiseformalitäten verliefen reibungslos. Da die öffentlichen Transportmittel am Schabbat erst einige Stunden nach Sonnenuntergang ihren Betrieb wieder aufnehmen, hatten wir einen Bus gemietet. Keine anderthalb Stunden nach der Landung waren wir bereits in unserem ersten Quartier, im *Abraham-Hostel* ganz in der Nähe der Altstadt in Jerusalem, angekommen. Das Gepäck war schnell auf die Zimmer gebracht. Alle wollten am Abend möglichst viele Eindrücke wahrnehmen. Eine Schülerin wurde an diesem Tag 18 Jahre alt. Dank der Großzügigkeit der Eltern konnten wir den Geburtstag in der *Jachnun Bar*, die bereits direkt nach Sonnenuntergang geöffnet hatte, mit der gesamten Gruppe bei leckeren vegetarischen Speisen aus der Region feiern. Je später der Abend wurde, desto mehr Geschäfte öffneten. Ein besonderer erster Eindruck in einer anderen Kultur. Am nächsten Morgen wurden wir bereits kurz nach dem Frühstück von Uriel, unserem Guide für diesen Tag, am Hostel abgeholt. Es gelang ihm, auf dem Weg in die Gassen der Altstadt, beim Besuch der Grabeskirche und später an der Klagemauer eine Ahnung davon zu vermitteln, wie der Streit um diese vermeintlich „heiligen Orte" zu sehr viel unheiligem Handeln in der Geschichte und bis auf den heutigen Tag geführt hat. Mittags fuhren wir für einige Stunden nach Bethlehem. Auch wenn das Passieren der Grenze an diesem Tag für uns problemlos war, wir bei Banksy's Shop vor der Mauer unser erstes Gruppenfoto machten, der Weg durch die Altstadt zur Geburtskirche ohne weitere Erläuterungen und Begegnungen verlief, war diese kurze Zeit in der Westbank doch für alle sehr eindrücklich. Am späten Nachmittag ging es mit der Bahn in den Norden.

Am Bahnhof von Nahariya warteten die Gastfamilien auf uns. Manche hatten schon vorher miteinander über diverse digitale Kanäle kommuniziert. Andere haben erst dort die Familie kennengelernt, bei der sie die nächsten drei Nächte verbringen würden. Die Rückfragen am nächsten Morgen bestätigten ebenso wie alle späteren Gespräche, dass jede*r herzlich aufgenommen war. Es gab viel zu viel leckeres Essen. Unsere Schüler*innen wurden der gesamten Verwandtschaft im Dorf vorgestellt. So bekamen sie eine Idee davon, welche Bedeutung die Großfamilie in dieser Gegend bis heute spielt. Da etliche Orte Galiläas (wie Nazareth und Tiberias) bereits wegen Corona-Risiko für Schülergruppen gesperrt waren, veränderten wir unseren gemeinsamen Exkursionsplan. Der Schrein des Propheten Sabalan im drusischen Hurfaisch war nicht eingeplant gewesen. Aber auf diese Weise konnten nicht nur die deutschen Schüler*innen einen noch differenzierteren Blick auf die religiösen und ethnischen Konflikte der Region werfen. Bei einer kurzen Wanderung am Har Meron – „dem höchsten Berg des Staates Israel, wenn man die Golanhöhen nicht berücksichtigt", wie der Guide betonte – ergaben sich politische Gespräche über den benachbarten Libanon, die humanitäre Lage im benachbarten Syrien, die wunderbar grüne Natur oder auch einfach über persönliche Dinge, für die in den Routinen des Alltags oft gar keine Zeit bleibt.

Am Tag darauf besuchten wir gemeinsam mit den arabischen Schüler*innen das Haus der Ghettokämpfer bei Akko. Überlebende des Warschauer Ghettos eröffneten diese Erinnerungsstätte bereits 1949, also vier Jahre vor Yad Vashem. Die Erinnerungsstätte zeichnet sich u. a. dadurch aus, dass die Beschriftungen außer in Hebräisch und Englisch auch in arabischer Sprache zu lesen sind. Wir standen am Modell des Vernichtungslagers Treblinka und realisierten, wie viele der an der massenhaften Vernichtung beteiligten Firmen auch im Nachkriegsdeutschland lange Zeit

Die Informationen im Ghetto-Fighter-House werden in arabischer, hebräischer und englischer Sprache gegeben.

weiterhin Profite machten. Erst in den vergangenen Jahrzehnten begannen einige, die Verstrickungen dieser dunklen Epoche ans Licht bringen zu lassen. In sehr berührender Weise gelang es unserem Guide Netta Goldman, unserer Gruppe zu verdeutlichen, dass es auch bei millionenfachem Tod immer auf den einzelnen Menschen ankommt. „Wenn wir Beispiele dafür haben, dass einige geholfen haben, dann ist damit gezeigt, dass es – trotz aller Schwierigkeiten – möglich war zu helfen." So ging es nicht nur um die Opfer und den Wahnsinn der systematischen Vernichtung jüdischen Lebens in Europa, sondern auch um einige der „Gerechten unter den Völkern", wie André Trocmé und die Bewohner des Dorfes Le Chambon-sur-Lignon. Netta erzählte von dem Verhör, in dem Trocmé gefragt wurde, ob es richtig sei, dass er Juden verstecke. Seine schlichte Antwort lautete: „Ich kümmere mich um Menschen." Die Botschaft hat uns erreicht.

Einige der Firmen, die die Vernichtungsaktionen der Nationalsozialisten ermöglichten.

Bevor wir uns vom Grün des Nordens auf der Landstraße 90 durch das Jordantal auf den Weg Richtung Süden machten, hielt unser Bus in Mazara'A noch beim Phaisal Market. Jede*r besorgte sich frisches Obst und andere leckere Lebensmittel. Wir kauften große Mengen Wasser für die Gruppe und wurden als Gäste der Schule von dem Besitzer mit zwei großen Kisten Äpfeln und vielen Packungen Waffeln beschenkt. Je weiter wir nach Süden kamen, desto karger wurde das Land. Gegen Mittag erreichten wir das Tote Meer. Wir hatten die zu anderen Zeiten gut besuchte Badestelle bei Neve Zohar fast für uns. Was für eine wundersame Erfahrung, sich Ende Februar 400 m unterhalb des Meeresspiegels vom Salzwasser tragen zu lassen, die Berge Jordaniens am anderen Ufer zu sehen und kindlich miteinander genießen zu können, jetzt gerade dort sein zu können. Wir besichtigten weder die Höhlen von Qumran, noch En-Gedi oder Massada, sondern fuhren weiter in die Negev. Har Avnon erreichten wir vor Sonnenuntergang. Unbeschreiblich der Eindruck, vom Rand des Kraters aus in die Weite zu blicken. Nach den intensiven ersten Tagen in diesem kulturell so vielfältigen Land war es eine Wohltat, in der Natur zur Ruhe zu kommen. Es war spürbar, dass es neben den historisch-politischen Konflikten noch ganz andere Kräfte gibt, die unseren Planeten auch gestalten. Unser Quartier in Sde Boker erreichten wir bei Einbruch der Dunkelheit. Die Zimmer im Gästehaus waren schnell verteilt. Dankbar konnten wir das reichliche Abendessen genießen, bevor wir den Abend abseits vom Lärm und künstlichen Licht der Zivilisation unter dem Sternenzelt ausklingen ließen. Am Morgen liefen wir nach dem Frühstück am Kraterrand entlang zum Grab von Paula und David Ben-Gurion. Der Staatsgründer hatte sich bewusst für ein Leben im Kibbuz in der Wüste entschieden. Auch wollte er nicht wie viele andere, die Rang und Namen hatten, auf dem Berg Zion in Jerusalem begraben sein, sondern an diesem Ort, mitten in der Wüste.[6] Kein Davidstern schmückt sein Grab. Es ist bemerkenswert, dass die üblichen Zeichen von Herrschaft und Macht an diesem Ort nicht zu entdecken sind.

Wir bestaunten den Naturpark En Avdat, standen mittags am Krater bei Mizpe Ramon und trafen am Nachmittag im südlichen Zipfel des Landes in unserem Hostel in Eilat am Roten Meer ein. Wir hatten noch vier Tage, in denen das Nachklingen konnte, was wir erlebt hatten. Die Schönheit der Korallen im Roten Meer wurde schnorchelnd entdeckt. Manche tauchten mit Delfinen. Jede*r entdeckte für sich etwas von der Schönheit dieser Welt, die einem im Trubel des Großstadtlebens verborgen bleibt. Beim Frühstück und selbst gemachten Abendessen im Garten des Arava Hostels hörten wir einander zu. Wir ließen das Erlebte nachklingen. Unsere letzte Station war ein Besuch im Kibbuz Eilot am nördlichen Rand der Stadt. Wir wollten dort als CO_2-Ausgleich Bäume pflanzen und eine deutsche Volontärin hätte uns eine Einführung geben sollen. Sie hätte es sicher sehr gut gemacht.

Aber zu meiner Freude erfuhr ich am Morgen, dass der 73-jährige Shmulik mit uns sein würde. Er hatte sich bereits

---

6   Im Neuen Testament wird der Begriff „heiliges Land" nur in der provokanten Erzählung der Geschichte des Volkes Israels durch Stephanus (Apostelgeschichte 7) benutzt. Wie dort von der Gottesbegegnung und dem brennenden Dornbusch die Rede ist, wird Mose aufgefordert, seine Schuhe auszuziehen, weil dies „heiliger Boden" sei – irgendwo im Nirgendwo der Wüste. Die in der Erzählung des Stephanus benannten zivilisierten Orte waren für patriarchial-nationale Ohren wenig schmeichelhaft. Er proklamierte überhaupt ein Konzept von Heiligkeit, das offensichtlich so anders war, dass er von den vermeintlich Rechtgläubigen letztlich gesteinigt wurde. Mir scheint, der weltoffene Jude Ben-Gurion hat die Botschaft des Jesus aus Nazareth um vieles besser verstanden als die Mächtigen, die im Namen des Kreuzes über Jahrhunderte nicht nur in diesem Teil der Erde Unglück und Tod verbreiteten.

bei meinem ersten Besuch vor einigen Jahren dort viel Zeit für mich genommen. Seine Eltern, polnische Juden, hatten ein Jahr vor Ausbruch des 2. Weltkriegs geheiratet. Beide überlebten die Shoa – die Mutter als eine der wenigen das KZ Auschwitz. Das Ehepaar traf sich in Schweden wieder. Sie gingen nach Frankreich, wo Shmulik 1946 geboren wurde. In den 1950er-Jahren zog er mit den Eltern in den neu gegründeten Staat Israel. In Tel Aviv bauten sie eine gut gehende Fabrik auf. Shmulik heiratete eine Deutsche. Ende der 1970er-Jahre entschied er sich, das Leben in der florierenden Großstadt gegen die Kargheit der Arava-Wüste zu tauschen. Er zog in den am weitesten südlich gelegenen Kibbuz Eilot. Dort leistet er seit über 40 Jahren seinen Beitrag dazu, dass die Gemeinschaft unter extremen Bedingungen das Land zum Erblühen bringt. Shmulik erzählte von den demokratischen Lebensformen und den Veränderungen im Laufe der Jahrzehnte. Er berichtete, wie Kinder in der Gemeinschaft aufwachsen und mit was für einem ausgetüftelten System das kostbare Wasser genutzt wird. Ein besonders bemerkenswerter Teil seiner Geschichte war die Begegnung mit den Nachbarn in Jordanien. Die Berge des Nachbarlandes hat man dort ständig vor Augen. Irgendwann in den letzten Jahren begannen einige, eine Lichterkette von einem Land zum anderen über die Grenze zu spannen. Kinder und Jugendliche trafen sich einmal im Jahr, später dann auch die Frauen. „Eines Tages haben auch wir Männer uns getroffen", erzählte Shmulik. „Wir haben den jordanischen Männern erzählt, aus welchen Staaten wir kamen. Ich war in Frankreich geboren, andere in Marokko oder Tunesien, etliche in den Staaten der ehemaligen Sowjetunion, wieder andere in Äthiopien. Weißt Du", und er machte eine Pause, „anschließend erzählten uns die alten jordanischen Männer, wo sie geboren wurden." – Er musste nichts Weiteres sagen. Ich hatte verstanden, dass ihm bewusst war, dass er, das Kind von Holocaust-Überlebenden, der den Staat Israel mit aufgebaut hatte, der den Wohlstand der Großstadt verlassen hatte, der in die Wüste gezogen war, um dieses Land zum Blühen zu bringen, der über Jahrzehnte ausdauernd und aufopfernd für seinen Traum gelebt hatte, dass er einen Ort gefunden hatte, wo er seinen Traum leben konnte, während es anderen nicht möglich ist.

Dort, wo heute der Staat Israel Wüsten zum Erblühen bringt, da ist für viele Menschen, deren Vorfahren früher einmal dort gelebt hatten, kein Platz. Aber es gibt Hoffnungszeichen. Seit einigen Jahren arbeiten Menschen beider Staaten gemeinsam in verschiedenen Projekten – u. a. auch, um sich den besonderen klimatischen Herausforderungen der Arava-Wüste zu stellen. Bereits seit 2015 gibt es den gemeinsamen Plan, eine Pipeline vom Roten zum Toten Meer zu bauen, sodass der Wasserspiegel dort wieder ansteigen kann. Manche sprechen sogar davon, dass ein Teil des Meerwassers auch entsalzt werden kann und damit auch die Trinkwasserversorgung in Teilen Jordaniens verbessern könnte. Neben diesen gemeinsamen wirtschaftlichen Projekten entstehen künstlerische Initiativen, die den Dialog fördern und für Versöhnung eintreten. Es sind Menschen wie Shmulik, die Hoffnung geben, dass ein Miteinander doch eines Tages möglich sein wird. Was für ein Geschenk, dass wir ihm begegnen konnten.

Yoseph, unser gastgebender Kollege, in der Negev

Grab von Paula und David Ben-Gurion in Sde Buker

Shmulik im Kibbutz Eilot

129

Nach zehn Tagen galt es wieder nach Berlin zu fliegen. Nur vier Stunden, dann würden wir kurz vor Mitternacht am Rand der Großstadt landen. Am nächsten Morgen würde uns der Alltag im Zentrum wieder ganz in Beschlag nehmen. Bevor wir uns auf den Rückweg machten, nahmen wir uns daher eine Viertelstunde Zeit zu überlegen, was uns nach diesen Tagen keiner mehr nehmen könne. Jede*r notierte einen Begriff, den er mit den anderen teilte. Ein wenig konnten wir mit Worten ausdrücken, was uns in diesen Tagen bewegt und unser Leben nachhaltig geprägt hatte.

„Verrückt, macht das!"

Benny und Ruth Hopfenmüller – Abitur 1994, 1995

Isfahan – nesfe jahan. *Die halbe Welt. So wird die Stadt von den Persern liebevoll genannt. Wir standen dort auf dem größten historischen Platz der Welt, wie verzaubert von der* gigantischen Architektur, dem Farbspiel, der Harmonie der geometrischen Mosaike, dem lebhaften Treiben der Menschen, den Wasserfontänen, einer rundum umwerfenden Schönheit.

„Das würde Uli gefallen." Dieser Satz ist bei uns inzwischen ein geflügeltes Wort. Ein innovatives Projekt, aussagestarke Straßenkunst, eine markante Landschaft, ein inspirierender TED-Talk, ein provokantes Zitat, eine beeindruckende Choreografie – Uli hat uns angesteckt, das Schöne im Alltag zu suchen und zu finden. Manchmal sogar zusammen mit ihm, sei es in Teheran, Düsseldorf, Amman, Berlin. Und in Isfahan auf dem genannten Platz, dem Meidan-e-Emam.

Unsere Freundschaft begann wohl, als wir unserem ehemaligen Lehrer bei einer Begegnung kurz nach dem Abi etwas kleinlaut erzählten, dass wir heiraten wollten. „Mit 20 heiraten? Verrückt! Macht das!", sagte Uli.

Und dann begannen irgendwann die Besuche bei uns im Iran und in Jordanien. Wir waren mit einer NGO in der Erwachsenenbildung tätig und hatten dadurch immer viel Kontakt zu Minderheiten und Geflüchteten. Man lernt sich schon ganz gut kennen, wenn man 15 Stunden zu fünft in einem Kleinwagen unterwegs durch den Orient ist. Wenn man sich schon vor dem Frühstück über den Weg läuft, zusammen auf dem Markt feilscht, gemeinsam Weihnachten in einem Land feiert, wo äußerlich keine Weihnachtsstimmung aufkommt, oder Karfreitag in der Wüste.

In der Soziologie gibt es das Prinzip der Participant Observation, das Uli wunderbar verkörpert: neugieriges Beobachten, zurückhaltendes Teilnehmen, Eindrücke sammeln. Und dann kommt typischerweise von Uli ein kurzer treffender Kommentar. Als Eltern quengelnder Kinder kann einem schon mal der Geduldsfaden reißen. Wenn dann noch der ehemalige Lehrer zu Besuch ist, noch viel schneller. In eben so einer

Situation meinte Uli irgendwann mit einem breiten Grinsen zu uns: „Herrlich, wie die streiten. Wie im Bilderbuch." Was für eine schöne Perspektive. Ich muss auch heute noch oft in ähnlichen Situationen mit einem Schmunzeln an diese Bemerkung denken.

Ein anderer Abend ist mir in Erinnerung geblieben, an dem Uli uns im Iran besuchte. Wir ließen den Tag Revue passieren. Einige schreckliche Dinge waren in unserem Sozialprojekt passiert: ein Kind war tödlich verunglückt, eine Frau mit Krebs diagnostiziert und daraufhin von ihrem Mann auf die Straße gesetzt worden, weil die Kosten die Familie in den finanziellen Ruin stürzen würden. Wir überlegten, wie man am besten helfen könnte. Irgendwann fiel uns auf, dass Uli schweigend zuhörte. Tränen liefen ihm über das Gesicht.

Anhalten, Mensch sein, mitfühlen, Gefühle zulassen, schmecken.

Das haben wir von Uli gelernt. Das tut uns und dieser Welt so gut.

Meidan-e-Emam, Isfahan (Iran) 2011

Lehrer*innen Türen öffnen

So viel wir von unseren Lehrern gelernt haben mögen,
wichtiger fast wurde, was wir an ihnen gelernt haben.

Theodor Heuss

Praktikant*innen und Referendar*innen willkommen heißen

Im deutschen Bildungssystem ist in den letzten Jahrzehnten manches zu langsam, anderes in eine falsche Richtung und manches gar nicht angegangen worden. Aber die eine oder andere Entwicklung hat auch gute Bewegung und Verbesserung gebracht. So trägt die Einführung des Praxissemesters in vielen Bundesländern m. E. dazu bei, dass die angehenden Lehrer*innen viel früher einen realistischen Einblick in ihr späteres Berufsleben bekommen können. Eine noch engere Verzahnung von Theorie und Praxis im Lehramtsstudium würde ich persönlich begrüßen, aber so gibt es eine gute Möglichkeit, sich für einige Monate zu erproben. Das Praxissemester ist eine gute Zeit, um sich selbst Fragen zu stellen:

- Wie gerne bin ich mit Kindern und Jugendlichen zusammen?
- Kann ich gut mit anderen Menschen im Team zusammenarbeiten?

- Sehe ich in dem System Schule Möglichkeiten, mich mit meinen Interessen und Fähigkeiten einzubringen?

Es ist gut, im Studium nicht nur abzuarbeiten, was man belegen muss, sondern auch zu bemerken, dass man das eine oder andere vertiefen möchte. Eventuell stellt die eine oder der andere sogar fest, dass eine Schreibtischtätigkeit vielleicht doch eine Variante ist, die besser zu einem passt. Mir ist ein Kollege noch gut in Erinnerung, der das Referendariat zwar mit sehr guten Noten beendet hatte, uns aber doch nicht ganz zufrieden erschien. Glücklicherweise haben wir ihn damals darauf angesprochen. Er war erleichtert, dass wir seinen Einsatz und seine Zuverlässigkeit sehr schätzten, uns über seine guten Noten freuten und trotzdem nachfragten, ob er sich tatsächlich langfristig in einer Schule sehen würde. Er verneinte die Frage, bewarb sich nach dem mit „sehr gut" bestandenen zweiten Examen bei einer Versicherung, erhielt umgehend eine gut bezahlte Stelle und meldete sich in den Monaten danach noch mehrfach. Es gehe ihm dort gut, hörten wir jedes Mal. Er war froh, einen anderen Berufsweg eingeschlagen zu haben.

Es tut jungen Menschen gut, wenn sie sich ausprobieren können und in der Praxis erleben, wie sich Schule aus der Perspektive der Lehrenden anfühlt. Neben dem Positiven für die persönliche Entwicklung der Einzelnen haben auch Schulen einen großen Gewinn durch diese jungen Menschen. Es ist traurig, wie wenig Wertschätzung diesen Pädagog*innen oft entgegengebracht wird. Manche sprechen sogar von einer „Belastungen für das Kollegium". Wir hatten in Düsseldorf anfangs einen Kollegen, der sich um die Belange der Referendar*innen kümmerte. Später wurden es zwei und bald waren es drei. Bis heute begleiten sie alle, die nicht als angestellte Lehrer*innen dort arbeiteten. In einem großen Büro haben sie ihre Schreibtische. An der Wand hängen Pläne und Übersichten. Hier ist ein Ort, an dem sie Zeit miteinander haben. Hier liegen die verschiedensten Übersichten und Materialien, die allen guttun, die neu in das System dieser Schule eintauchen.

Als Schule in freier Trägerschaft unterlagen wir keinem Zuweisungsautomatismus. Referendar*innen haben sich beworben. Ich war dankbar für jede*n, die/der sich mit Neugier und Engagement einbrachte. In den ersten Gesprächen haben wir als Schulleitung zum Ausdruck gebracht, wie froh wir waren, dass junge Leute frisch von der Universität an unsere Schule kommen. Wir haben sie eingeladen, ihr Wissen und die Methoden, die sie kennengelert hatten, mit uns zu teilen. Wir baten sie, gerade in den ersten Wochen und Monaten so viele Fragen wie möglich zu stellen, unser Miteinander kennen- und verstehen zu lernen. Sie waren es, die mit wachem Blick unsere blinden Flecken ansprechen konnten. Sie hatten die Möglichkeit, mit der Unbefangenheit der „Neuen" Dinge infrage zu stellen, an die wir uns viel zu oft gewöhnt hatten. Natürlich haben wir auch zum Ausdruck gebracht, dass ein respektvolles Nachfragen zielführender ist als blinde Kritik. Manche von unseren Gewohnheiten waren auf den zweiten Blick vielleicht doch begründeter, als es im ersten Moment schien.

Nicht nur, weil wir mit den Ausbildungskoordinator*innen ein speziell geschultes und sensibilisiertes Team hatten, wiederholte ich regelmäßig die Anweisung, dass sich die anderen Kolleg*innen, bei denen hospitiert wurde und einzelne Unterrichtselemente übernommen wurden, mit Kritik sehr zurückhalten sollten. Die Leitlinie war, dass man immer zuerst fragt, ob überhaupt eine Rückmeldung gewünscht ist. Die Anforderungen der Fachleiter*innen und der Seminarleitung lagen leider immer wieder doch recht weit auseinander. Wenn neben den Fachkonferenzbeschlüssen und schulüblichen Routinen auch noch die persönlichen Eigenarten einzelner Kolleg*innen als normativ zu berücksichtigen wären, gäbe es noch weniger Spielraum, in dem sich eine Lehrerpersönlichkeit entfalten kann.

Wir wurden nicht müde zu betonen, dass es Originale braucht, die mit ihrer Persönlichkeit mitgestalten. Das Kopieren von Verhaltensmustern anderer ist selten zielführend. Wer dies empfiehlt, übersieht, dass pädagogisches Handeln in einer konkreten Situation immer auch von den Beziehungen der Beteiligten abhängig ist. Diese können bestenfalls vertrauensvoll und über lange Zeit gewachsen sein. Andererseits ist es aber auch möglich, dass sie zerrüttet oder noch gar nicht vorhanden sind. Bei neu an der Schule Beginnenden ist in der Regel Letzteres der Fall.

Kurz gefasst sind es folgende Botschaften, die Referendar*innen, Quereinsteiger*innen ebenso wie alle neu beginnenden Kolleg*innen unmissverständlich hören sollten:

- Schön, dass ihr da seid!
- Ihr habt Ideen, die hier gefragt sind!
- Eure Leidenschaft ist hier gefragt!
- Wir geben euch Raum!
- Wir wollen, dass ihr euch einmischt!
- Also macht eure Augen auf und hört interessiert zu!
- Bitte fragt nach!
- Und bringt dann eure Impulse ein!

Wenn Pädagog*innen tatsächlich (mit)verantwortlich für die nächste Generation sind, dann tun wir gut daran, sie mit der Wertschätzung zu begleiten, die wir uns auch für unsere Kinder und Enkel wünschen. Vertrauen kann missbraucht und Großzügigkeit ausgenutzt werden. Aber hoffentlich erinnern wir uns alle daran, wie sehr wir aufblühen, wenn wir spüren, dass man uns etwas zutraut und dass wir gewollt sind.

Zutrauen statt Infrage-Stellen

Ute Haupt, Kollegin 2006–2010 (Sprachnachricht im Frühjahr 2019)

Lieber Uli,

ich bin sehr dankbar für meine ersten Jahre am Gymnasium in Düsseldorf, die ich unter Deiner Leitung erleben durfte. Deine Art des Führens hat mich enorm geprägt und ich profitiere noch heute davon.

Du hast mir etwas zugetraut, wo ich selbst gar nicht die Perspektive, Kapazität und Möglichkeit für mich gesehen habe. Das war wirklich toll. Dadurch hast Du mich merklich ermutigt und angespornt. Es hat mich innerlich bewegt, mutig auf Unbekanntes, Herausforderndes, Unbequemes zuzugehen – auch wenn ich trotzdem sehr skeptisch war.

Weiterhin hast Du meine Grenzen akzeptiert – und mich gerade dadurch bereit dafür gemacht, diese zu reflektieren, anzugehen und oftmals zu überwinden. Du hast mich nicht gezwungen, Aufgaben zu übernehmen, zu denen ich mich nicht fähig fühlte, sondern versucht, Möglichkeiten und Rahmenbedingungen zu schaffen, in denen ich arbeiten konnte. Und gerade dieses Vertrauen hat mich motiviert, mich neuen Herausforderungen zu stellen und mehr aus mir und der Situation zu machen.

Ich habe dies auch anders kennengelernt: unter Druck gesetzt oder gezwungen zu werden, bestimmte Wege zu beschreiten. Das hat mich gestresst, mir Angst gemacht.

Dein positiver Umgang mit mir dagegen hat mich unglaublich ermutigt, mich vorwärtsgebracht.

137

Ich merke es nun im Umgang mit meinen Kindern zu Hause. Wenn ich beginne, sie unter Druck zu setzen oder sie zu zwingen, entmutige ich sie: Sie kommen weniger aus sich heraus, trauen sich weniger zu, ziehen sich zurück. Ich realisiere, dass der Weg der Ermutigung, des Vertrauens, der positiven Herausforderung sie stärkt und zur Entfaltung bringt. Meine Kinder im Rahmen ihrer Möglichkeiten zu unterstützen und zu fördern, lässt sie sie selbst werden und in ihrer Persönlichkeit reifen.

Und noch eine Sache: Ich erkenne, dass ich heute als Lehrerin viele Dinge anders machen würde – ich vermute auch aufgrund der Erfahrung mit meinen eigenen Kindern. Danke, dass Du mich auch in dieser Weise getragen und ausgehalten hast.

Rhythmen, die Geborgenheit geben

Auch wenn unsere Zeiteinteilung sehr unterschiedlich sein mag, leben wir ganz natürlich in Rhythmen, die unserem Leben Beständigkeit verleihen. Die meisten schlafen nachts, entspannen am Wochenende und machen auch mindestens einmal im Jahr Urlaub. Das tut uns gut. Es mag trivial klingen, aber Schuljahre haben wie Jahreszeiten einen gewissen Rhythmus. Dieser wiederholt sich ständig. Wenn Kolleg*innen kurz vor den Sommerferien von einer Hitzewelle überrascht werden, dann hat das erst einmal weniger mit dem Klimawandel zu tun als damit, dass die Verantwortlichen sich nicht darauf vorbereitet haben. In den Sommermonaten kann es durchaus Tage geben, an denen die Temperatur auf über 25 Grad steigt. Ebenso kann es in den Wintermonaten durchaus (noch) sein, dass es Glatteis gibt. Dann müssen Wege gestreut und das Verbot des Schneeballwerfens wieder in Erinnerung gerufen werden. In einem Kollegium, das aus Erfahrungen lernt, entwickelt sich ein gutes Gespür für Routinen, die das Schuljahr prägen. Diesen Routinen Raum zu geben, sie kritisch zu reflektieren und dann gemeinsam gegebenenfalls frühzeitig zu verändern, das sind für mich einige der Kriterien für nachhaltig gesunde Schulentwicklung. Gut durchdachte Pläne für das Schuljahr, die Woche und den einzelnen Tag können vieles entspannen und zur Transparenz beitragen. Ideal, wenn auch die Unterrichtsverteilung nicht aus der Not geboren wird, sondern diese Rhythmen ebenso wie die unterschiedlichen Begabungen eines Kollegiums umfassend berücksichtigt und Potenziale der Kolleg*innen freisetzt.

Es geht darum, Zeiten und Räume so zu strukturieren, dass nicht nur Unterricht gelingen kann, sondern auch Begegnungen – formell wie informell – unkompliziert möglich sind, sie sich wie zufällig ereignen können. Es geht darum, (Zeit-)Räume zu schaffen, die Resonanz ermöglichen.

Ich möchte einige Aspekte nennen, die sich in meiner Praxis als sinnvoll erwiesen haben.

Einen Jahresplan entstehen lassen!
Im Idealfall liegt ein Plan aus dem letzten Schuljahr vor. Dann kann man darauf zurückgreifen, gemeinsam überlegen, ob die Darstellung hilfreich war, und wiederkehrende Daten in den neuen Plan eintragen. Ansonsten beginnt man einfach einmal einen Entwurf. Spätestens zu Beginn des Kalenderjahres oder des Halbjahreswechsels sollte Zeit dafür sein. Sollten mehrere des Leitungsteams Daten eintragen, ist darauf zu achten, welches die zuletzt bearbeitete Version ist. Eine*r bekommt die Verantwortung für das Weiterführen der Rohversion. Eine nachvollziehbare, klare Benennung der einzelnen Dokumente ist wünschenswert.

139

Zentrale Prüfungstermine

Die zentralen Prüfungstermine für Abschlussarbeiten werden mindestens ein Jahr im Voraus veröffentlicht. Da hier keine Flexibilität möglich ist, sollten diese Termine zu Beginn notiert und die Richtigkeit möglichst auch von einer zweiten Person kontrolliert werden.

Bewegliche Ferientage sinnvoll einplanen

In den meisten Bundesländern können Schulen neben den landesweiten Ferien einige bewegliche Ferientage selbst festlegen. Mit dem rechtzeitigen Anhören unterschiedlicher Perspektiven (Eltern, Schüler*innen und Lehrer*innen) und dem Einbeziehen der zuständigen Gremien vermeidet man hitzige Debatten. Häufig lässt sich mit etwas Fingerspitzengefühl eine Regelung finden, bei der sich alle mitgenommen fühlen.

Im Allgemeinen gibt es an deutschen Schulen nach spätestens acht oder neun Wochen Ferien. Das ist sehr gut so! Daher ist es mir völlig unverständlich, warum es in manchen Bundesländern von Anfang Januar bis zu den Osterferien einen Block von elf oder zwölf Unterrichtswochen ohne Unterbrechung gibt. Man muss weder intensiv Karneval feiern noch Skifahrer*in sein, aber eine Ferienwoche im Februar ist auch aus Arbeitgeberperspektive ökonomisch sinnvoll. Es tut der Gesundheit aller am System Schule Beteiligten einfach gut. Sollte man nun in so einem Bundesland ohne Februarferien leben, dann tut man gut daran, diese Ferienwoche in irgendeiner Weise zu erfinden. Regionale oder bewegliche Ferien- und Studientage zusammenlegen – irgendwie wird man schon auf eine Idee kommen.

Studientage für das gesamte Kollegium

Egal, wie traditionell oder innovativ Schulen sind, gibt es immer Themen, die anstehen. Es hat sich bewährt, Studientage, an denen man sich als Kollegium für Schulentwicklung Zeit nimmt, so zu terminieren, dass alle möglichst entspannt und mit hoher Energie teilnehmen können. Freitagnachmittage gehören nicht zu diesen Terminen.

Blockwochen und Fließwochen

An vielen Schulen hat es sich bewährt, besondere Wochen in allen Jahrgängen gemeinsam – also im gleichen Zeitraum – stattfinden zu lassen. Würde man Klassenfahrten, Projektwochen, Praktika, u. v. a. nur so terminieren, wie es sich für die jeweilige Klasse oder den betroffenen Jahrgang ergibt, bedeutete dies neben großer Unruhe auch enorm viele Vertretungsstunden. Dadurch werden die Kolleg*innen belastet, die den Regelbetrieb aufrechterhalten sollen. Wie wohltuend ist es dagegen, wenn bereits Monate bevor das neue Schuljahr beginnt, in einem kleinen Team Verantwortlicher gesammelt wird, was für das kommende Jahr an Sonderwochen auf dem Programm stehen kann. Es bedarf dann guter gemeinsamer Absprachen, um einen Jahresplans zu erstellen, in dem möglichst klar zwischen solchen Blockwochen, in denen kein Unterricht nach Plan stattfindet, und Fließwochen unterschieden wird, in denen dann ohne Unterbrechungen nach einem guten Stundenplan miteinander gearbeitet wird. Oft bietet es sich an, Blockwochen vor die Ferien zu legen.

Aufführungen und Ausstellungen sinnvoll im Jahr verteilen

Seien es Sportturniere, Weihnachtskonzerte, Sommerfeste, Theateraufführungen oder Schulkonzerte – gerade diese Höhepunkte des Schuljahres, die viele Kräfte binden, sind so zu terminieren, dass eine Konzentration der Beteiligten auf dieses Ereignis für ein gutes Gelingen möglich ist. Oft gehen den eigentlichen Terminen noch Proben, Aufbauarbeiten u. a vor-

141

aus. Weder Schüler*innen noch Kolleg*innen reagieren erfreut, wenn zusätzliche Belastungen gerade in dieser Zeit noch auf sie zukommen. Ein Klausurtermin am Tag der Generalprobe zeugt ebenso wenig von guten Absprachen wie das Beharren auf die Abgabe von Langzeitaufgaben am Tag des Weihnachtskonzerts. Ob eine besondere Entlastung von alltäglichen Routineaufgaben für Schüler*innen und/oder Kolleg*innen an diesen Tagen möglich ist, sollte rechtzeitig thematisiert werden. Man muss kein Hellseher sein, um zu wissen, dass sich anderenfalls schnell Unmut und Frustration verbreiten können.

Fließwochen rhythmisieren
Ebenso wie das Jahr, sollten auch die Fließwochen, in denen nach Stundenplan unterrichtet wird, nicht dem Zufallsgenerator des Stundenplanprogramms überlassen werden.

- Ein unterrichtsfreier Nachmittag für Konferenzen und Besprechungen ist m. E. eine Notwendigkeit, damit man als Team regelmäßig Zeiten miteinander haben kann.
- Feste Termine für das Schulleitungsteam u. a. Teams sollten auch dem gesamten Kollegium bekannt sein. Dies unterstreicht nicht nur die Bedeutung dieser Treffen, sondern ermöglicht es anderen auch, Fragen und Hinweise an die Teams jeweils vorher einzureichen. Wenn es gelingt, eine allen bekannte Tagesordnung vorab zu erstellen, sind gute Voraussetzungen für effizientes Arbeiten in entspannter Atmosphäre geschaffen.
- Ein Wochenstart mit den Klassenlehrer*innen am Montagmorgen hat sich an vielen Schule bewährt. Es gibt den Kindern Raum zum Ankommen. Außerdem lassen sich gegebenenfalls Informationen weitergeben, was für die beginnende Woche von Bedeutung ist.

– Ein Projekttag mit vier bis sechs Unterrichtsstunden ermöglicht eine Vielzahl von Aktivitäten und verhindert, dass geniale Ideen mancher Kolleg*innen auf dem Rücken anderer ausgetragen werden, die oft zu spät informiert werden bzw. als Vertretung einspringen müssen. Oder schöne Ideen werden erst gar nicht umgesetzt, weil es sich „aus organisatorischen Gründen" im Schulalltag nicht realisieren lässt.

– Während an den meisten Ganztagsschulen bereits ein vielfältiges Angebot an nichtakademischen Angeboten besteht, sollten die anderen Schulen ihr pädagogisches Spektrum erweitern, indem z. B. mit AG-Nachmittagen Möglichkeiten geschaffen werden, die besonders stark auch von Kindern aus Elternhäusern angenommen werden, die wenig oder gar keinen Zugang zu Sportvereinen, Musikschulen oder Angeboten kirchlicher Jugendarbeit haben.

Eine wohltuende Tagesstruktur finden

Für die Tagesgestaltung, die Länge der Pausen bzw. die Dauer der Unterrichtseinheiten liegen verschiedenste Modelle vor. Je mutiger man einen weiten Blick auf das Thema werfen kann, desto größer ist die Wahrscheinlichkeit, dass die wöchentliche Routine, die dann durch ein entsprechendes Raster entsteht, ein freudiges Arbeiten für alle Beteiligten ermöglicht.

– Ein Beginn um 8.30 Uhr oder 9.00 Uhr entspricht viel eher dem Bio-Rhythmus der meisten Menschen als ein Start vor 8.00 Uhr. Sollten jüngere Kinder morgens von berufstätigen Eltern gerne früh zur Schule gebracht werden, kann man für eine Morgenbetreuung die Bibliothek, das Selbstlernzentrum oder auch andere einzelne Räume der Schule öffnen. Die Betreuung kann von Pädagog*innen ebenso wie von Ehrenamtlichen übernommen werden.

– Mehr als drei oder vier unterschiedliche Fächer oder Themen pro Tag sind selten sinnvoll. Wer immer noch am
45-Minuten-Modell festhält, sollte einmal einen Tag lang
hospitierend Schüler*innen begleiten, die an einem Tag
eventuell sechs bis acht verschiedene Fächer bei unterschiedlichen Kolleg*innen zu bewältigen haben.

– Unterschiedliche Schwerpunkte sollten einander abwech-
seln. Drei Sprachen hintereinander sind ebenso wenig
sinnvoll wie drei Doppelstunden in kognitiven Fächern.
Das macht natürlich Mühe bei der Unterrichtsverteilung
und Stundenplanung – und beides sollte nicht unabhängig
voneinander entstehen –, Schienen oder Blöcke zu planen,
die eine solche Rhythmisierung garantieren. Aber es zahlt
sich aus! Es dem Zufall eines Programms zu überlassen,
halte ich dagegen für fahrlässig.

– Pausen dienen Schüler*innen wie Kolleg*innen als wesentlicher Raum zur Erholung – oder der Rekreation, wie man es
im Schweizerischen nennt. 15 Minuten sollte eine kurze Pause mindestens dauern. Für die längeren Pausen von 30 bis 60
Minuten sind unterschiedliche Pausenräume und -angebote
sinnvoll. Auch hier können und sollten Schüler*innen in die
Planung und Gestaltung einbezogen werden.

Vielfältigen Unterricht ermöglichen

Die Vorstellungen von gutem Unterricht mögen sich in der Theorie sowie an der einen oder anderen innovativen Schule verändert haben. Trotzdem scheinen manche Arbeitsformen sehr dominant zu sein. Mein ältester Enkel war gerade ein paar Monate
in der Schule. Auf meine Frage, was er denn heute dort erlebt
hätte, nannte er mir einige Fächer. Lebenskunde schien mir das

zu sein, bei dem ich hoffte, etwas Spannendes erfahren zu können. Also fragte ich ihn, was sie denn heute in diesem Fach gemacht hatten. Nach einer kurzen Pause seufzte der Erstklässler:

„Ach Opa, weißt Du, es ist eigentlich egal, welches Fach wir haben. Die Lehrerin gibt uns immer ein Arbeitsblatt."

Er war noch kein halbes Jahr in dem System. Aber es fiel ihm nicht schwer, dieses zu verstehen. Ich hoffe so sehr, dass Jugendliche nach 10, 11, 12, 13 oder auch 14 Jahren Schule eine andere Bilanz ziehen können. Schule kann so bunt wie das Leben sein. Man kann:

- sich Experimente ausdenken
- gemeinsam eine Herausforderung bestehen
- Knobelaufgaben in Gruppen lösen
- Gedichte schreiben und vortragen
- Bilder mit unterschiedlichen Materialien gestalten
- Fotos, Filme, Podcasts aufnehmen und bearbeiten
- Bewegungen mit und ohne Musik gestalten
- Wettkämpfe durchführen
- ohne Wettkampfcharakter miteinander spielen

Die Fachdidaktiken sind voller schöner Ideen. Die Aufgabe von Schulleitungen besteht auch darin, eine vorschnelle Fixierung auf *Teaching to the test* zu vermeiden. Es darf nicht darum gehen, mit akribischer Genauigkeit abzuarbeiten, was sich andere für Schule ausgedacht und aufgelistet haben. Zentrale Abschlussprüfungen haben durchaus ihre Berechtigung.

Prüfungsvorbereitungen haben ihre Zeit.

Aber es gibt so viele andere Dimensionen.

Es gibt so viel andere sinnstiftende Inhalte, die nicht abprüfbar sind.

Es gibt so vieles, was der Entwicklung von Kindern und Jugendlichen guttut.

Es gibt so viel Schönes, was sich objektiver Bewertung entzieht.

Es gibt so viele Ideen von Schüler*innen und Lehrer*innen, die gelebt sein wollen.

Lateinunterricht bei Herrn Chong

Seung-Hyun Chong, Kollege 2006–2012

Schon vor meiner Tätigkeit als Lehrer hatte ich mich ausgiebig mit dem Filmemachen beschäftigt und eine Anzahl von eigenen Kurzfilmen realisiert. Diese Leidenschaft wollte ich gerne mit den Schülern teilen, zumal das Medium Film für die meisten Jugendlichen sehr attraktiv ist und ich mir auf diese Weise einen leichteren Zugang zu ihnen versprach.

Ich hatte das Glück, während meiner Tätigkeit am Freien Christlichen Gymnasium mit meinen Ideen auf offene Ohren bei unserem Schulleiter Uli Marienfeld zu stoßen. Uli förderte Kreativität, Eigeninitiative und offene Lernformen, bei denen sich die Kinder frei entfalten konnten. Eines der ersten Filmprojekte, „Lateinunterricht bei Herrn Chong" entstand während der einwöchigen Projektwoche. Wir sammelten zunächst Ideen für einen szenischen Kurzfilm, bevor wir daraus ein Drehbuch entwickelten. Da der Film möglichst realistisch und ohne Budget an Originalschauplätzen mit den uns verfügbaren Schauspielern, sprich den Schülern, realisierbar sein sollte, entschieden wir, einen Film über die „perfekte" Lateinstunde in der Schule zu drehen. Das Filmthema entstammte somit aus der direkten Erfahrungs- und Lebenswelt der Schü-

ler. Die Schüler konnten sich voll und ganz mit den für den Film kreierten Figuren identifizieren. Folglich waren keine spezifischen Schauspielkünste und -techniken erforderlich, was der Authentizität des Filmes zugutekam. Es war schön zu beobachten, dass sich auch normalerweise eher introvertierte Schüler aktiv am Projekt beteiligten und plötzlich verborgene Talente zeigten, die ich im normalen Schulalltag niemals hätte wahrnehmen können.

Aber nicht jedem Schüler lag das Schauspielern vor der Kamera als künstlerische Ausdrucksform, was völlig in Ordnung war. Sie interessierten sich vielmehr für die technischen Aspekte des Filmemachens. Diesen Schülern vermittelte ich die Grundlagen der Kameraführung, Tontechnik und Lichtsetzung. Auf diese Weise entstand ein kleines Filmteam.

Bei der Projektarbeit haben die Schüler erfahren, wie viel Zeit selbst in einen Kurzfilm gesteckt werden musste, um filmische Qualität zu erreichen. Szenen wurden in mehrere Einstellungen aufgelöst, Takes einer Szene wurden bei Bedarf mehrfach wiederholt, auf entsprechende Requisiten wurde geachtet, Kostüme gewechselt, auf Anschlussfehler geschaut usw. Neben Kreativität und künstlerischer Entfaltung erforderte das Projekt von den Schülern Disziplin, Durchhaltevermögen und vor allem auch Kooperation und Teamgeist. Letzterer entwickelte sich im Laufe des Projektes zunehmend, alle Beteiligten nahmen wahr, wie wichtig jeder Einzelne mit seiner Aufgabe für den Erfolg des Filmes war. Natürlich war es auch mal anstrengend und es gab Rückschläge, aber auch das ist bei einem Filmdreh immer der Fall. Die Kunst besteht dann darin, sich nicht entmutigen zu lassen und mit positiver Stimmung weiterzumachen.

Den Höhepunkt des Projektes stellte die Premiere des fertigen Filmes inklusive rotem Teppich in der Aula der Schule dar, zu der Schüler der gesamten Schule, Kollegen, Eltern, Freunde und sogar die Presse kamen. Die Reaktionen sowohl der am Projekt beteiligten Schüler, die den Film dort ebenfalls zum ersten Mal sahen, als auch die des Publikums zeigten, dass sich die aufwendige Arbeit vollends gelohnt hatte.

Der Vorstand und die Schulleitung waren so begeistert, dass wir anschließend ein Budget für die Anschaffung von Kamera-, Ton- und Lichtequipment für unsere nächsten Projekte bekamen. So entstand eine Film-AG, in der filmbegeisterte Kinder aller Klassenstufen weitere ambitionierte Projekte realisieren konnten, wie z. B. „Rocky 2012". Hier geht es um einen gemobbten Jungen, der, vom Boxerfilm „Rocky" inspiriert, anfängt zu trainieren, den Kampf am Ende gegen seinen Peiniger zwar verliert, aber durch seinen Mut einen Freund gewinnt.

Zudem wurde ein Literaturkurs Film in der Oberstufe eingeführt. Hier konnte ich den älteren Schülern theoretisches Fachwissen in Verbindung mit der Praxis vermitteln. Externe Experten aus verschiedenen Bereichen der Filmbranche wurden zu einzelnen Unterrichtsstunden eingeladen, sie berichteten von ihren Erfahrungen am Set und den Berufsaussichten.

Bemerkenswert ist, dass durch die damaligen Filmprojekte an der Schule einige der ehemaligen Schüler auch beruflich den Weg in die Film- bzw. Werbebranche gefunden haben. Mit diesen Schülern pflege ich bis heute einen engen Kontakt: Das ist übrigens wertvoller als alles andere, was ich in meiner bisherigen Lehrerlaufbahn erlebt habe. All diese Erfahrungen zeigen mir, dass in der Schule neben dem klassischen Fächerkanon genügend Raum existieren sollte, der Kindern erlaubt, sich kreativ zu entfalten, ihren eigenen Interessen nachzugehen und selbstständig lernen zu können. Uli Marienfeld hat uns Lehrern und den Schülern diesen Raum gegeben.

Heterogenität ist auch im Kollegium normal – Vom Ermöglichen unterschiedlicher Arbeitsrhythmen

Lehrer*innen an deutschen Schulen sind in der Regel zwischen 25 und 65 Jahren alt. Sie sind nicht nur in ihren Persönlichkeiten unterschiedlich, sondern befinden sich auch in verschiedenen Lebensphasen. Da sind Kolleg*innen, die haben gerade die/den Partner*in fürs Leben kennengelernt, bei anderen geht eine lange Beziehung gerade zu Ende. Einige bekommen das erste Kind. Manche sind gerade aus einer anderen Stadt oder einem anderen Land hergezogen. Andere haben ein eigenes Haus gekauft, sind in eine andere WG oder die erste Wohnung umgezogen. Einige versorgen kranke Eltern. Andere sind selbst schwer erkrankt, haben den Tod des Ehepartners oder eines Kindes zu verkraften. Die Liste lässt sich beliebig fortsetzen. Man braucht nicht viel Fantasie, um sich ein Bild davon zu machen, wie bunt ein Kollegium von 50 oder 100 Pädagog*innen sein kann. Trotzdem scheint es mir nur in wenigen Gesprächen von Schulleitungen den Raum einzunehmen, der gut wäre. Letztlich geht es darum, ob Menschen lediglich als Funktionsträger eine Rolle ausfüllen, die nach ihnen auch jemand anderes übernehmen wird, oder ob wir bereit sind, uns auf einmalige Persönlichkeiten einzulassen. Man kann Ecken und Kanten auch als bereichernde Herausforderung annehmen.

Für manche ist das Arbeiten in der Schule ein großer Stressfaktor des Lebens, für andere ein beglückendes Umfeld. Phasenweise finden hier einige vermutlich mehr Stabilität als in ihrem außerberuflichen Leben.

Wie sehr Privates und Beruf verknüpft sind, zeigen sehr schmerzhaft auch die Zahlen über die Trennungen in der Ausbildungszeit. Referendar*innen und Seminarleitungen berichten, dass mehr als die Hälfte der Partnerschaften während des Referendariats in die Brüche geht. Die Gründe dafür liegen sicherlich nicht nur am System Schule. Aber wie gut ist es, wenn die jungen Erwachsenen in ein berufliches Umfeld hineinwachsen, in dem sie auch lernen, Spannungen auszuhalten, Diversität wertzuschätzen und immer wieder mutig neue Anfänge zu wagen.

Man kann und soll als Schulleitung gar nicht auf jedes einzelne Bedürfnis aller Kolleg*innen eingehen. Aber es tut gut zu wissen, dass es nicht nur bei Schüler*innen, sondern auch bei Mitarbeiter*innen ab und an Dinge im Leben gibt, die wesentlich bedeutsamer als Schule sind. Dies anzuerkennen und zu berücksichtigen, halte ich für wesentlich.

Zu verschiedenen Arbeitsstilen ermutigen

Im Idealfall bieten Schulen Arbeitsplätze, sodass Kolleg*innen keinerlei Arbeit mit nach Hause nehmen müssen. Der Neubau, in den wir 2008 in Düsseldorf einziehen konnten, bot solche Möglichkeiten. Ich erinnere mich gut an einen Kollegen, der konsequent davon Gebrauch machte. Alle Vorbereitungen und Korrekturen erledigte er stets an seinem Schreibtisch in der Lehrerstation. Er war dort manchmal noch bis in den frühen Abend und verließ als Letzter das Gebäude.

Bei einem anderen Kollegen, einem jungen Familienvater, fiel mir auf, dass er dienstliche Mails häufig nach Mitternacht beantwortete. Besorgt über sein hohes Arbeitspensum, sprach ich ihn darauf an. Lächelnd erklärte er mir, dass er nach der Rückkehr aus der Schule zuerst uneingeschränkt Zeit für seine Kinder, seine Frau, den Haushalt und (manchmal) auch für Hobbys und Freunde habe. Erst wenn die Kinder abends ins Bett gebracht waren, setzte er sich manchmal noch für Schulisches an den Schreibtisch und beantwortete dann auch Mails an seinem Rechner – manchmal ab 22 Uhr, manchmal später.

Beide Kollegen waren auf ihre Weise sehr diszipliniert und haben für sich einen persönlichen Weg gefunden, der für ihre aktuell Lebenssituation am besten passte.

Manche korrigieren auf dem Schulweg im Regionalexpress, andere genießen das tägliche Radfahren und immer noch zu viele verbringen wöchentlich Stunden im Auto. Menschen sind unterschiedlich. Gerade jungen Kolleg*innen tut es gut, sich über Fragen des täglichen Lebensrhythmus auszutauschen. Es tut gut zu hören, dass man nicht als einzige*r mit dem Bewältigen täglicher Aufgaben zu kämpfen hat. Vielleicht gibt es ja Handlungsmuster, die wohltuender für eine*n sind als das, was man bisher praktiziert hat. Vielleicht hat jemand anderes schon ein ähnliches Dilemma erlebt und eine Strategie entwickelt, die für das eigene Handeln wertvolle Impulse enthält.

Verantwortung übernehmen lassen

Das deutsche Schulsystem ist nicht so angelegt, dass Lehrer*innen dazu ermutigt und herausgefordert werden, eigenverantwortlich zu gestalten. Neben den für die zentralen Abschlussprüfungen vorgeschriebenen Inhalten regeln Verordnungen und fachspezifische Vorgaben oft bis ins Detail, was und wie unterrichtet werden soll. Oft nehmen schulinterne Curricula noch den letzten möglichen Freiraum. Die Gestaltungsmöglichkeiten sind oft eingeschränkt. Besonders peinlich empfinde ich das kaum vorhandene Vertrauen in die Kolleg*innen, eigenverantwortlich die Finanzen für ihre Aufgaben einzusetzen. Die sowieso nicht großen Beträge müssen meistens in Fachkonferenzen mühsam abgestimmt werden. Um dem zumindest etwas entgegenzuwirken, hatten wir in Düsseldorf vereinbart, dass jede*r Kolleg*in pro Jahr 250,- € für schulische Zwecke ausgeben kann, ohne dies vorher mit irgendjemandem besprechen zu müssen. Die Verwunderung war groß. Die Ergebnisse wohltuend. Ab und an warf ich einen Blick darauf, was alles angeschafft wurde. Das hatte auch den Aspekt, die Gesamtausgaben im Blick zu behalten. Aber vor allem erhielt ich so einen Einblick, wofür das Herz der Einzelnen schlug. Warum sollten Akademiker*innen, die häufig Häuser oder Autos besitzen, nicht in der Lage sein, 250,- € pro Jahr verantwortlich zu investieren? Es ist für mich ein Symptom dafür, dass weder dem Einzelnen noch den Schulen zugetraut wird, ihre eigenen Belange verantwortlich zu gestalten.

Als erfrischendes Beispiel dafür, was passieren kann, wenn in einem Betrieb tatsächlich zu solchem eigenverantwortlichen Handeln ermutigt wird, sei hier eine Anekdote wiedergegeben, die Götz Werner, der Gründer der dm-Drogeriemärkte, bei einer Tagung erzählte. Es war ein typischer Freitagabend kurz vor Ladenschluss. Viele kauften noch ein paar Artikel für die Reise. So auch ein Mann, der an die Kasse einer Auszubildenden kam. Nachdem alle Artikel in die Kasse eingegeben waren, bemerkte der Kunde, dass er sein Portemonnaie vergessen hatte. Zu seiner großen Überraschung hörte er die Kassiererin sagen: „Das ist nicht so schlimm. Kommen Sie einfach nach dem Urlaub und bezahlen dann." – So etwas kann man nicht vorab allen Kunden mitteilen. Vermutlich gab es auch keine Anweisung der Filialleitung. Aber die junge Auszubildende hatte mitbekommen, worum es primär ging. Die Kunden sollen sich als Menschen gesehen fühlen und gerne in diesen Drogeriemarkt kommen. Sie hatte offenbar auch erfahren, dass man ihr durchaus Freiheiten lässt, dieses Ziel in kreativer Weise zu erreichen.

Man sollte sich einmal vorstellen, was möglich wäre, wenn man Lehrer*innen vom ersten Tag an nicht als Ausführende von Vorschriften, sondern inhaltlich und finanziell als Gestalter*innen des Bildungswesens betrachten und sie dazu befähigen würde.

Ausnahmen machen

Das Dienstrecht gibt klar geregelte Vorgaben, wann Kolleg*innen aus welchem Anlass zu beurlauben sind. Das Leben selbst ist wesentlich komplexer.

Ich erinnere mich an einen Referendar, der an einem Nachmittag zu mir kam. Der Vater seines WG-Mitbewohners hatte sich das Leben genommen. Er wolle bei der Beerdigung dabei sein. Natürlich habe ich den Kollegen beurlaubt – und ihm Mut gemacht, gerne auch den gesamten Tag mit der Familie des Freundes zu sein.

An einem anderen Tag kam ein Kollege, der Nachmittagsunterricht in der Oberstufe hatte, in der Mittagspause zu mir. Sein Schwiegervater sei ins Krankenhaus gekommen: Mit dem Satz „Vermutlich nichts Schlimmes" sollte die Krankheit herabgespielt werden. „Wenn Du schon zu mir kommst und darüber sprichst, dann machst Du Dir offensichtlich große Sorgen um ihn", unterbrach ich ihn. „Du kannst dem Kurs gerne Aufgaben geben und Deinen Schwiegervater besuchen gehen. Er wird sich freuen." Ich brauchte mir keine Gedanken zu machen, dass die Schüler*innen zu wenig lernen oder mangelhaft auf das Abitur vorbereitet werden. Der Kollege war gewissenhaft. Er würde alles daransetzen, das möglicherweise an diesem Tag doch Versäumte zeitnah nachzuarbeiten. Großzügigkeit signalisiert Kolleg*innen, dass ich mehr als die Vorschriften sehe. Sie spüren, dass ich volles Vertrauen habe, dass das schulisch Notwendige von ihnen schon irgendwie getan werden wird.

Offene Tür – aber doch nicht im echten Leben?!

Marko Schmitt, Kollege 2006–2016

„Kennste eigentlich den?", „Hab ich Dir schon mal von der erzählt?", „Vielleicht können wir die mal fragen, die helfen sicher gerne!"

Die meisten Namen, die Uli in solchen Unterhaltungen nannte, habe ich schon wieder vergessen, aber das, was dahintersteckt, sicher niemals. Ich war schon immer ein kommunikativer Mensch, der leicht Kontakte knüpft, aber durch Uli wurde mir klar, dass das auch – oder gerade – in dem von mir ungeliebten System Schule funktioniert. Die Möglichkeiten, die mir durch seinen Umgang mit Schüler*innen, Eltern und ganz vielen Menschen drumrum aufgezeigt wurden, prägten mein Denken, öffneten verbarrikadierte Türen in meinem Kopf und – das Schönste – es hört auch nicht auf.

Einige ehemalige Schüler und Schülerinnen gehören zu meinen besten Freunden, über andere freut man sich riesig, wenn man etwas von ihnen liest oder hört. Auch in der Elternschaft ist es schön zu bemerken, wie überrascht und dankbar manche „Klienten" sind, wenn man die Türen öffnet.

Auch sein stets dienendes Verhalten schreit einfach nach Nachahmung. Ein Schulleiter, der seine Tür auch dann nicht verschließt, wenn es um „niedere Arbeiten" geht. Da wird geputzt, entsorgt, aufgebaut, weggeräumt, die Verpflegung für die Theaterleute eingekauft und gleich durch die Schule gefahren und und und. Mittlerweile denke ich überhaupt nicht

154

mehr dran, wer wo anpacken kann, sondern genieße es, dass die „Kleinen und Großen" in der Schule einfach mitmachen, weil sie ihren Lehrer nicht alles allein machen lassen wollen.

Das Letzte, was ich sehr an dem „Offene-Türen-Denken" schätze, ist das Glück, „nicht ganz dicht sein" zu dürfen. Das sorgt dafür, dass auch schräge Ideen stets die Möglichkeit haben, aus einem herauszusprudeln bzw. sie reinregnen können. Die Chance, die etwas andere Idee zu äußern und vielleicht sogar zu verfolgen, ist meiner Meinung nach einfach nur so erreichbar.

„Kennt ihr noch Herrn Marienfeld?"

„Hab ich schon erzählt, dass wir mit 16 Leuten bei ihm und seiner Tochter drei Nächte in Berlin übernachten durften?"

„Schreib doch mal Uli an. Der hat sicher was für Dich!"

Leitungskultur – Mit einem Team gemeinsam gestalten

Nachdem ich in Düsseldorf einige Monate Oberstufenleiter der Gesamtschule unseres Trägers war, fragte mich Ulli Falk, der stellvertretende Schulleiter des im Aufbau befindlichen Gymnasiums, ob ich mir vorstellen könne, dort Schulleiter zu werden. Der Vorgänger würde ein Sabbatjahr machen und danach nicht als Schulleiter zurückkommen wollen. Meine Begeisterung war groß. Ich habe mir einige Wochen Bedenkzeit erbeten, um dann ein fundiertes Ja zu der Herausforderung zu haben. Ulli Falk kannte den Träger schon länger und hätte die Aufgabe durchaus selbst machen können. Aber er wollte den Aufbau als Stellvertreter begleiten. Vermutlich ist mir bis heute noch nicht klar, was für ein großes Privileg es war, unter solch einmaligen Voraussetzungen zu starten.

Da der Schulweg für Ulli Falk von Kleve per Bahn knapp zwei Stunden und mit dem Auto nur unwesentlich kürzer war, machte ich ihm klar, dass ich ihn unmöglich mehr als vier Tage in der Woche in Düsseldorf sehen könne. Seine drei Töchter und seine Frau hätten ein Anrecht darauf, ihn auch während der Woche zu sehen. In den folgenden Jahren trafen wir uns häufig in Kleve, spazierten durch den dortigen Schlosspark und träumten davon, wie Schule sein könnte. Er ist von sich aus im Laufe des Jahres dann doch manchmal an seinem „freien" Tag in die Schule gekommen, aber es war klar, dass es die Ausnahme bleiben sollte. Wir hatten das Glück, dass der Träger einen großzügigen Neubau erstellte und darauf Wert legte, dass wir digitale Medien vom ersten Tag an umfassend in unser pädagogisches Programm einbauten. Vermutlich waren wir 2007 eine der ersten Schulen Deutschlands, in denen alle Räume mit digitalen Tafeln ausgestattet waren. Neben der Ausstattung mit neuen Geräten hatten wir einen IT-Profi als Mitarbeiter, der uns alle technische Arbeit abnahm. Wir konnten ein Team aufbauen, das sich diesen Herausforderungen stellen wollte.

Der Umzug ins neue Gebäude war für den Sommer 2007 geplant. Gemeinsam arbeiteten wir seit dem Winter davor an der Umsetzung der bereits begonnenen pädagogischen Träume. Während einer Studienfahrt in Spanien erfuhr ich im Mai 2007 telefonisch, dass es Verzögerung am Bau gäbe und wir wohl erst im Spätherbst dort einziehen könnten. Für jeweils zwei fünfte, sechste, siebte und achte Klassen benötigten wir Klassenräume. Auch die einzügige Oberstufe, die wir von der Gesamtschule mitnehmen wollten, musste irgendwie unterkommen. Wir erhielten Räume auf einem Flur des Dachgeschosses in der Gesamtschule, die uns auch bisher beherbergt hatte. Die älteren Schüler*innen wurden in einem leer stehenden Gemeindehaus in der Nachbarschaft einquartiert, das wir mit viel Eigenarbeit in den Sommerferien umgestalteten. Das Lehrerzimmer war ein kleiner Nebenraum, in dem gerade zwölf Kolleg*innen an einem langen Tisch Platz fanden. Als gemeinsames Büro der Schulleitung nutzten wir einen kleinen Besprechungsraum ohne Telefon.

Das für das neue Gebäude abgestimmte und entwickelte Konzept wollten wir trotzdem schon möglichst weitgehend umsetzen. Wir entschlossen uns gemeinsam, das geplante Zeitraster mit täglich drei Kurzstunden je 35 Minuten in den Hauptfächern und ansonsten nur Doppelstunden in modifizierter Form einzuführen, obwohl die Gesamtschule ihre bisherigen Zeiten beibehielt. Die Schulklingel galt also fast immer nur für „die anderen". Wir waren überzeugt, dass es für die Kinder gut war. Dieser Zustand dauerte letztlich nicht nur einige Wochen, sondern wir improvisierten bis nach den Osterferien. Am 31. März 2008 konnten wir in den riesigen Neubau umziehen. Es war eine herausfordernde Zeit. Vielleicht haben ja auch solche Schwierigkeiten dazu beigetragen, dass sich eine Gemeinschaft entwickelte, die aufeinander achtete, füreinander da war und in Vorfreude auf den großen Umzug in das neue Gebäude – und damit in eine neue Zeit – lebte.

Mit dem Wachsen der Schülerzahl von 250 auf 700 veränderten sich auch die Strukturen innerhalb des Kollegiums. Die Leitung musste auf mehr Schultern verteilt werden. Es war ein nicht immer einfacher Prozess. Wir machten dabei Fehler. Wir konnten nicht alle mitnehmen. Aber nach wenigen Jahren waren wir ein Team. Neben einem Stellvertreter ergänzte uns zusätzlich eine zweite Stellvertreterin. Drei Stufenleiter*innen, eine für die Referendar*innen zuständige Kollegin, unsere Mann für Stunden- und Vertretungsplan sowie ein IT-Experte des Kollegiums vervollständigten das Team. Wir trafen uns wöchentlich für eine Doppelstunde. Bald merkten wir, dass oft zu viel unerledigt blieb, selbst wenn wir Teile der nachfolgenden Pause nutzten. Von dieser schlechten Gewohnheit haben wir uns dann auch nach wenigen Monaten wieder verabschiedet. Die Idee, sich in den Sommer- und Weihnachtsferien jeweils für zwei Tage in Ruhe außerhalb an einem schönen Ort zu treffen, wurde von allen dankbar aufgenommen. Der Träger zahlte Quartier und Unterkunft. In all den Jahren gab es nicht eine einzige Beschwerde, warum denn die Leiter*innen auch in den Ferien gemeinsam arbeiten. Später ergänzten wir diese Treffen um eintägige Klausurtage während der Schulzeit im Herbst und Frühling. Diese Tage waren für uns – und auch das Kollegium – die grundlegenden Zeiten für eine nachhaltige Schulentwicklung.

Wir hatten als Team Zeit füreinander.

Wir gingen spazieren, hatten gutes Essen, redeten über Gott und die Welt, lachten viel und weinten auch manchmal miteinander. Natürlich gab es jeweils eine Tagesordnung, für die wir uns drei oder vier Blöcke mit jeweils zwei bis drei Stunden Zeit einplanten. Die Themen waren zwar vorab von uns Schulleitern vorbereitet worden, wurden aber jeweils zu Beginn der ersten Sitzung aktualisiert. So konnte jede*r sagen, was wir in jedem Fall klären mussten, was möglichst angegangen werden sollte und worüber es einfach schön wäre zu sprechen, falls wir dafür Zeit finden. Alle wussten, dass wir nicht zu allem kommen würden. Aber dieser verlässliche Rhythmus gab uns allen die Geborgenheit, dass unsere Themen nicht zu kurz kämen. Wir waren innerlich frei, uns aufeinander einzulassen, und spürten, dass die Beiträge der anderen für das Gelingen der Schule insgesamt genauso wichtig waren wie das, was uns Einzelne schon lange Zeit beschäftigt hatte.

Wir freuten uns auf diese gemeinsamen Zeiten und gingen jedes Mal erfrischt auseinander. Vermutlich würde man das, was wir dort pflegten, heute Achtsamkeit nennen. Es war der Rahmen dafür, unsere schulischen Aufgaben in einem größeren Horizont zu sehen. Bei einem dieser Treffen im November hatten wir gerade die Tische nach draußen auf die Terrasse gestellt. Die Sonne schenkte uns noch ein paar Stunden, in denen wir unter blauem Himmel unseren Kaffee trinken konnten. Eine Kollegin entdeckte Zugvögel über uns.

Dann kam der nächste Schwarm.

Wir staunten über die Formationen.
Wir erzählten uns,
wo wir früher schon Zugvögel beobachten konnten.
Wie selbstverständlich blieb die Arbeit liegen.
Wir staunten.
Wir freuten uns.
Wir waren fasziniert von dem Wunder der Natur,
das wir gerade mit unseren Augen beobachten konnten.

Wenn es einem Leitungsteam gelingt, dass es sich trotz eines Berges an Arbeit Zeit dafür nimmt, neben dem professionellen Abarbeiten der TOPs auch Muße für Gespräche zu finden, es sich die Offenheit bewahrt, sich für Schönes Zeit zu nehmen, und es kindlich staunen kann, dann hat es gute Voraussetzungen, nachhaltig miteinander zu gestalten. Auch Krisen lassen sich in diesem Modus gemeinsam überwinden.

Wochenende der Neuen Oberstufe

In Berlin erlebte ich an der ESBZ lange Wochenendtreffen der Neuen Oberstufe. Sie waren anders strukturiert. Aber in ähnlicher Weise gelang es in vertrauensvoller Umgebung, Neues zu denken und zu entwickeln. Schüler*innen, Eltern und Lehrer*innen trafen sich von donnerstagnachmittags bis Sonntag in einem einfachen Haus in Brandenburg. Man redete über die Dinge, die den Teilnehmenden wichtig waren. Man hörte einander zu, hatte Zeit zum Essen, Ausschlafen und Spaziergehen. Täglich gab es mehrere Arbeitstreffen. Ob es das gemeinsame Zubereiten der Mahlzeiten war, die Gespräche beim Abwasch hinterher, das gegenseitige praktische Helfen bei den Dingen, die im Haus getan werden mussten – wir lernten einander kennen und vertrauen. Man entdeckte Gemeinsames, entwickelte Strategien, Probleme zu lösen, und entwarf Pläne, wie man formulierte Träume schrittweise umsetzen und Wirklichkeit werden lassen konnte. Inzwischen wird diese lieb gewordene Tradition als ESBZ-Retreat mit Interessierten fortgesetzt. Bei allen Routinen und vorstrukturierten Arbeitsabläufen brauchen wir immer wieder Räume und Zeiten, in denen wir nicht funktionieren müssen. Wir brauchen Orte der Geborgenheit, in denen wir uns öffnen können. Wir brauchen diese Oasen. Wir brauchen Zeit miteinander und füreinander.

„Entspann Dich – hier hast Du Welpenschutz!" – Vom Umgang mit Fehlern

Mit 58 Jahren kam ich als stellvertretender Schulleiter an die Evangelische Schule Berlin Zentrum. Durch überregionale Treffen zur Neuen Oberstufe hatte ich in persönlichen Begegnungen manches von den vielfältigen Formaten gehört und anderes in der Literatur gelesen. Das Ankommen in der Praxis war noch komplexer als erwartet. Eine meiner Aufgaben war es, nach wenigen Wochen die Erstellung des Vertretungsplans zu übernehmen. In einem Gespräch mit einem erfahrenen Kollegen äußerte ich meinen Respekt vor dieser Aufgabe. Beruhigend legte er mir die Hand auf die Schulter:

„Entspann Dich, Uli. Bei uns hast Du Welpenschutz!"

Was für eine herzliche Begrüßung! Welches Wohlwollen, das mir als Neuem entgegengebracht wurde.

Reformpädagogische Ansätze können verkrustete Strukturen erneuern. Über das pädagogische Gelingen im Alltag entscheiden zwischenmenschliche Qualitäten ebenso. Als Schulleiter in Düsseldorf hörte ich in Kennenlerngesprächen oft viel Lob über unsere Schule, meistens in Verbindung mit Klagen über angebliche Mängel anderer Gymnasien. Auch wenn es einerseits guttut zu hören, wie das Arbeiten des Kollegiums Anerkennung findet, verwies ich fast immer darauf, dass die Eltern bei uns nicht mit Fehlerlosigkeit rechnen könnten. Angefangen beim Schulleiter passieren allen Beteiligten immer wieder Dinge, die nicht vorbildlich seien. Auf Wunsch erläuterte ich das mit einem meiner Missgeschicke der letzten Tage.

Als ein zuverlässiger Kollege nicht zur Abiturklausuraufsicht erschien, fand ich ihn nach einigem Suchen in einem Elterngespräch. Ich betrat kurz den Raum, bat ihn, das Elterngespräch in Ruhe zu Ende zu führen und anschließend seine Aufsicht wahrzunehmen. Später am Tag kam er, entschuldigte sich und bedankte sich dafür, dass er das Gespräch zu Ende führen konnte. Ein vergessener Schlüssel, ein verspätet eingereichtes Klassenbuch, ein versäumter Termin. Die Liste möglicher Fehler ließe

161

sich beliebig fortsetzen. Es ist sicherlich ärgerlich, wenn so etwas passiert. Aber wenn Kolleg*innen in 95 Prozent der Zeit 95 Prozent ihrer formalen Aufgaben gewissenhaft wahrnehmen, dann sollte das doch genug Grund zum Loben sein.

Das Zerstören einer lebensbejahenden Schulkultur geht nicht von Einzelfällen formaler Versäumnisse aus.

Zeig Dich – öffne Deine Tür für andere

Thorsten Zahn, Kollege 2007–2016

Offene Türen an Schulen sind häufig eine Seltenheit. Es gibt sogar Schulen, die aus Sicherheitsgründen von außen einen Knauf auf die Türe setzen, damit man ohne Schlüssel nicht hineinkommt. Bildungseinrichtungen, die als modern und innovativ gelten, öffnen Räume und verlagern den Unterricht immer wieder an andere Lernorte, lassen zu, dass Schüler ihren Lernort und das Thema frei wählen können.

Nicht immer kann man gleich eine ganze Schule umkrempeln, um eine offene Tür zu schaffen, aber man kann bei sich selbst anfangen. Als Referendar habe ich immer wieder erlebt, wie unangenehm es sich anfühlt, ständig fragen zu müssen, ob ich eine Sequenz bei einem Kollegen in der Lerngruppe unterrichten könne. Oft habe ich dann erlebt, dass mir vorgegeben wurde, wie die Stunden zu sein haben und was möglich oder eben auch nicht möglich sei. Von offener Tür, Freiheit, Ausprobieren und eigenen Entscheidungen war das weit entfernt. Als ich dann selbst Ausbildungsbeauftragter wurde und die Chance hatte, diese Ausbildung zu gestalten, war es mir ein erstes Anliegen, den Referendaren zu signalisieren: „Du kannst immer kommen und jederzeit meinen Unterricht sehen; kannst gerne ausprobieren und Sequenzen gestalten." Mit jedem weiteren Referendar wurde mir bewusst, dass in diesem Angebot weitaus mehr steckt als nur die Option, die Tür für andere zu öffnen, die gerade in der Ausbildung stecken. Vielmehr stellte ich schnell fest, dass dadurch auch eine Unterrichtsqualitätsverbesserung stattfindet. Und das auf ganz vielfältige Weise. Zum einen bin ich selbst fokussierter und konzentrierter, achtsamer und aufmerksamer, stellenweise auch deutlich besser vorbereitet im Unterricht, wenn jemand bei mir hospitiert. Zum anderen habe ich eine Feedbackkultur etabliert. Viele Stunden werden sogar umfassend nachbesprochen. Ein weiterer Aspekt ist, dass ich durch die Vorbereitungen der Referendare, die den Unterricht übernehmen, immer wieder auf neue Ideen komme, alte Denkmuster und alte Reihenplanungen neu durchdacht werden. Durch den Austausch, das Gesehene und Erprobte findet eine Schärfung der eigenen Handlungsentwürfe und Planungsideen statt. Neue Ideen, neue Materialien, andere Methoden und Reihengestaltungen bereichern so heute mein Handlungsrepertoire. Nicht zuletzt sind auch die misslungenen Stundenplanungen im besonderen Maße lehrreich gewesen und jede Nachbesprechung, zusammen mit den Ausbildern des Zentrums für Schulpraktische Lehrerausbildung, ein Gewinn. Gelebte und trainierte Feedbackkultur, Nachbesprechungskompetenzen und der regelmäßig geschärfte Blick darauf, wie Unterricht in den einzelnen Fächern lehrplangemäß erfolgen kann, verbessern die Unterrichtsqualität immens, zumindest, wenn man sich auf dieses Abenteuer einlässt. Von daher kann ich nur jedem empfehlen, den eigenen Unterricht zu öffnen, offen für Hospitationen zu sein, neugierig auf Ideen von Referendaren oder anderen Kollegen zu sein und ein gewisses Maß an Feedbackkultur zu etablieren, sich dem Feedback anderer stellen, genauso wie sich in Feedback geben zu üben.

Meine Tür ist seitdem fast immer geöffnet, wenn ich unterrichte. Jeder, der möchte, kann hereinkommen. Viele im Kollegium haben diesen Perspektivwechsel ebenfalls erlebt und einige der ehemaligen Referendare sind die heutigen Ausbildungsbeauftragten. Ich habe mit der Zeit auch gelernt, mal eine richtig schlechte Stunde zu zeigen, um dann über die Grenzen zu reflektieren, die dieser Beruf ab und zu mit sich bringt. Aber die Grenze darf meines Erachtens nach nicht die Klassenraumtür sein. Denn letztendlich ist es doch immer wieder überraschend, dass uns die ein oder andere Planung und Stunde vor einem Referendar oder Kollegen peinlich ist, nicht aber vor den Schülern. Da darf man dann ruhig einmal ins Grübeln kommen.

Mit einem offenen Weltbild leben

Unablässig versucht der moderne Mensch,
die Welt in Reichweite zu bringen:
Dabei droht sie uns jedoch, stumm und fremd zu werden:
Lebendigkeit entsteht nur
aus der Akzeptanz der Unverfügbarkeit.

Hartmut Rosa

Ich hatte das Glück, mit 30 Jahren den Fall der Berliner Mauer zu erleben. Genau genommen habe ich ihn verschlafen. Wir wohnten in Mittelhessen und hatten drei Kinder im Alter von 8, 7 und 4 Jahren. Unser Alltag war bunt und herausfordernd. Es gab Wichtigeres, als immer das Neueste aus aller Welt hören zu wollen. Als ich am Morgen des 10. November 1989 in die Schule kam, verstand ich lange Zeit nicht, worüber die Kolleg*innen sprachen. Als ich es dann verstand, konnte und wollte ich es nicht glauben. Die Nachrichten der letzten Monate hatte ich mit Freude verfolgt. Das Öffnen der Grenze in Ungarn war mir vor Augen. Ebenso hatte ich die Worte des Außenministers Genscher in der Prager Botschaft vom 30. September im Ohr: „Wir sind zu Ihnen gekommen, um Ihnen mitzuteilen, dass heute Ihre Ausreise …" Trotz des grenzenlosen Jubels, in dem seine weiteren Erklärungen untergingen, war ein Fallen der innerdeutschen Grenze nicht im Rahmen des Horizontes, in dem ich dachte oder träumte. Eher noch hatte ich mit einer Tragödie wie dem Massaker auf dem Platz des Himmlischen Friedens in Peking gerechnet. Aber nun war die Mauer gefallen. Es war etwas passiert, das sich rückblickend in vielen Facetten erklären und deuten lässt. Für „Rückspiegelexperten" mag das alles erklärbar sein. Zumindest für mich war es jedoch so überhaupt nicht absehbar gewesen.

Es gab auch andere Ereignisse, die mein Leben völlig unerwartet veränderten. Mein Vater verstarb, als ich 14 war. Meine ältere Schwester nahm sich zu Weihnachten 1989 das Leben. Im Januar 1997 überlebte meine Mutter eine Herzklappen-Operation nicht. Im März 2003 verunglückte meine Frau tödlich. Das Leben ist nicht berechenbar.

Die Geburt eines Kindes kündigt sich über neun Monate an. Trotzdem ist der Moment der Geburt unbeschreiblich überwältigend. Was für ein Geschenk, als Mann in einer Zeit, in einer Kultur leben zu dürfen, in der Männer nicht automatisch von diesem Wunder ausgeschlossen sind. Nach den besonderen Stunden der Geburt bleibt auch sonst nichts wie vorher. Jeder, der Kinder hat, weiß, dass sich danach vieles im Leben verändert.

Die Abstände dieser unerwarteten Veränderungen sind häufig ebenso unvorhersagbar wie die Richtung, die unser Leben danach nehmen wird. Wenn man in Kirchen manchmal hört: „Theologie ist zu 90 Prozent Biografie", dann trifft das auf Pädagogik ebenso zu. Unsere pädagogischen Grundannahmen und Überzeugungen hängen ganz wesentlich von unseren persönlichen Erfahrungen, nicht nur in der Schule, ab. Genauer ausgedrückt, hängen diese Paradigmen vor allem davon ab, wie wir mit dem umgegangen sind, was wir erlebt haben. Traumatherapeut*innen, die Menschen nach sogenannten Naturkatastrophen begleiten, sprechen davon, dass es bei den Betreuten im Wesentlichen zwei Gruppen gibt: Die eine Gruppe betrachtet sich als Opfer der Katastrophe, die andere Gruppe als Überlebende. Viele sagen, wenn es gelingt, dass ein Opfer sich zumindest auch als Überlebender sehen kann, ist ein wesentlicher Teil der therapeutischen Arbeit bereits gelungen. Nun möchte ich Schule keinesfalls als Naturkatastrophe bezeichnen. Es ist jedoch davon auszugehen, dass jede*r im Laufe der Jahre nicht nur positive Erfahrungen im System Schule gesammelt hat. Es tut allen gut, wenn sich Pädagog*innen Schulen trotz eigener negativer Erfahrungen als einen Lebensraum vorstellen können, in dem sich Schönes entfalten kann.

Wenn ich von einem offenen Weltbild spreche, dann denke ich dabei an die Fähigkeit und die Bereitschaft, sich auf Veränderungen einzustellen. Offenheit meint, dass ich weiß, dass ich nicht alles im Griff habe. Diese Unverfügbarkeit versetzt mich nicht in permanente Unruhe. Ich kann mit einer Grundgelassenheit wahrnehmen, was um mich herum und in mir passiert. Die großen Dinge dieser Welt können sich verändern. Menschen in meiner Umgebung sind zur Veränderung fähig. Auch für mich selbst habe ich Hoffnung, dass nicht alles so bleiben muss, wie es gerade ist.

„Das Leben ist nicht Malen nach Zahlen."

Das hat der Autor und Theologe Erwin McManus vor Jahren formuliert. Mir gefällt dieser knappe Satz. Rückblickend würde ich einiges von dem, was mir in meinen ersten Berufsjahren begegnet ist, genau mit diesem Bild beschreiben. Neben vielen Möglichkeiten zum Gestalten waren da auch etliche Zeitgenossen, die daran glaubten, dass es ein Muster gibt, welches fehlerfrei auszufüllen ist. Manche begründeten das Grundmuster religiös, andere eher technisch-mechanisch. Die Idee, alles irgendwie machen zu können, war weit verbreitet. Die Frage war jeweils nur, „wie" man etwas erreichen konnte. Das „ob" stand überhaupt nicht zur Diskussion. Theologische Konzepte, die Gott fest im Griff hatten, unterstützten diese Denk- und Handlungsmuster häufig.

Diese Art der Religiosität wurde vor Jahrtausenden schon von etlichen Propheten im Alten Testament wie auch von Jesus kritisiert. Auch haben einige der Reformatoren im Mittelalter von dem *uti deo*, dem „Gebrauchen Gottes", gewarnt. Aber es scheint uns sogenannten aufgeklärten Menschen immer noch nahezuliegen. Es ist ein bedeutender Unterschied, ob wir Gott im Griff haben oder wir darauf vertrauen, uns als Glaubende von seiner Hand sanft leiten und uns in Krisen, die unsere Möglichkeiten überfordern, sicher tragen zu lassen. Nicht alle, die in ihrem Umfeld als „Kirchenmenschen" auftreten, werden als erwartungsvoll und Hoffnung gebend wahrgenommen. Manchmal habe ich sogar den Eindruck, dass Menschen, die formal nicht religiös sind, dem Leben gegenüber mehr Offenheit und Neugier entwickeln. Nicht selten strahlen sie Geborgenheit und Zuversicht aus, die ihnen und den Menschen um sie herum sehr guttun.

Wir halten Metaphern des industriellen Zeitalters für selbstverständlich und übersehen, dass die Welt vielleicht doch keine Maschine ist. Zunehmend verbreiten sich seit einigen Jahrzehnten aber auch Bilder von einem Organismus, wenn wir vom Leben Einzelner oder auch von Systemen wie Schule sprechen. Es gibt sicher Bereiche, in denen mechanisches und griechisch-analytisches Denken zielführend ist. Ingenieurskunst und komplexe mathematische Modelle befähigen Menschen, weit über den Mond hinaus den Weltraum zu erkunden. Die Nanotechnik und viele andere technische Errungenschaften unterstreichen, dass diese Art, die Welt zu betrachten, offenbar zu großen Erfolgen geführt hat. In anderen Lebensbereichen jedoch scheint mir das hebräische Denken in Bildern und Situationen förderlicher zu sein. Nicht alles in dieser Welt lässt sich mit Zahlen berechnen. Manche Geschichten, Gedichte, Lieder oder andere künstlerische Ausdrucksformen sind kräftiger als jede vermeintlich exakte technische Analyse.

Es geht nicht darum, sich entweder für klar strukturiertes Handeln oder für spontanes Reagieren zu entscheiden. Beides hat seine Berechtigung und seine Zeit. Ich mag das Bild, das vom Surfen auf dem Chaos spricht. Andere formulieren mit dem Jesuiten und Widerstandskämpfer Alfred Delp, dass wir Wind und Wellen nicht bestimmen können, aber es an uns ist, die Segel zu setzen. Ein Schiff unterliegt wie ein Surfbrett Gesetzmäßigkeiten, die wir in großen Teilen beschreiben können. Dementsprechend gibt es Faktoren, die ein Gelingen erschweren oder begünstigen. Es wäre fatal, würden wir dies nicht wahrhaben wollen. Andererseits ist es auch offensichtlich, dass wir vieles überhaupt nicht selbst machen können. Wir haben uns nicht entschieden, wann und wo wir geboren wurden. Diese und viele andere Aspekte unseres Lebens liegen ganz offensichtlich nicht in unserer Hand. Auf andere Aspekte haben wir mehr oder weniger großen Einfluss. Es ist eine Illusion, die Abhängigkeit von Umständen zu leugnen, die wir nicht bestimmen können. Ebenso wäre es fatal, die Möglichkeiten des eigenen Handelns nicht wahrzunehmen und zu nutzen. Wo Neugier, Hoffnung, Ausdauer und Zuverlässigkeit vorhanden sind, gibt es gute Chancen, dass dieses Leben gelingen kann. Ein offenes Bild von Gott, der Welt und den Menschen unterstützt sowohl die Entwicklung eigener Potenziale wie auch das Vorankommen der Menschen in unserer Umgebung, denen wir begegnen.

Ein offenes Gottesbild

Auch weniger religiöse Menschen haben schon von dem Verbot gehört, sich ein Bild von Gott zu machen. Das Verbot ist vielen als eines der zehn Gebote aus dem Alten Testament bekannt. Da in den meisten christlichen Kirchen Jesusbilder und viele andere Darstellungen von Personen üblich sind, fällt das Bilderverbot vielen bei einem Besuch in einer Moschee oder Synagoge besonders auf. Das Nichtvorhandensein von Bildern wird hier sehr schnell bemerkt. Farbenfrohe Kalligrafie, kunstvolle Mosaike, schwungvolle Architektur und kostbare Leuchter finden sich in mittelalterlichen Synagogen ebenso wie in den neu gebauten großen Moscheen des 21. Jahrhunderts in Muskat (Oman) oder Abu Dhabi (VAR), doch es gibt meist keine bildlichen Darstellungen. Die Schönheit und Größe Gottes werden auf bemerkenswerte Weise betont – ohne dass dabei Bilder genutzt werden.

In manchen christlichen Kreisen scheint bei aller Freude darüber, wie Gott sich in Jesus von Nazareth offenbart hat, in Vergessenheit zu geraten, dass Gott ein Mysterium bleibt. Im Judentum drückt sich das auch in der Sprache aus. Im Gegensatz zu vielen anderen Religionen bleibt der Name Gottes hier unaussprechlich. Daher ist im Judentum vom „Ich bin, der ich bin" oder „Ich bin der ich für Dich da bin" die Rede. Diese Formulierungen machen deutlich: Gott ereignet sich in Situationen. Aber er ist nicht vorhersagbar. Von der Treue Gottes ist immer wieder die Rede, aber an keiner einzigen Stelle von Berechenbarkeit. Der Theologe Heinz Zahrnt spricht von „Auf der Grenze oder: Gott will im Dunkeln wohnen."[1]

---

[1]   Heinz Zahrnt, Westlich von Eden, München 1981, S. 117–129.

Es ist zu bedauern, dass manche Lehrenden die Bibel so lesen, dass sie Kindern schon mit jungen Jahren auf alle Fragen eine Antwort geben, selbst dann, wenn viele dieser Fragen von niemandem gestellt wurden. Um Schüler*innen zu provozieren – um etwas bei ihnen hervorzurufen – und sie selbst etwas entdecken zu lassen, frage ich in meinem Religionsunterricht manchmal nach dem Muster, das sie in biblischen Erzählungen sehen. Oder ich überspitze es und frage nach der Regel, die sie erkennen. Es freut mich sehr, wenn neben manch vermuteten Algorithmen doch immer wieder auch formuliert wird: „Die Regel ist, dass es keine Regel gibt."

Es mag ungewohnt klingen, aber ich halte es für glaubende Menschen durchaus für einen Teil einer gesunden Persönlichkeitsentwicklung, sich von Gott – auch in zunehmendem Alter – immer wieder überraschen zu lassen. Lebenserfahrung wird noch zu oft damit verwechselt, abgeklärt über den Dingen zu stehen. Dabei schaffen diejenigen, die sich berühren lassen, mit ihrer Lebendigkeit nicht nur sich selbst ein dynamisches Fundament für ihr persönliches Leben, sondern sie sind auch anderen Vorbild, Ermutigung und Trost, sich für Schönes und Neues begeistern, aber auch unerwartet Schweres aushalten und ertragen zu können. Meine Schüler*innen lasse ich gerne darüber diskutieren, ob der in der Bibel beschriebene Gott eher dem alten Mann mit langem Bart ähnelt, wie man ihn aus der Kuppel der Sixtinischen Kapelle kennt, oder vielleicht dem Mädchen mit den rothaarigen Zöpfen, Pippi Langstrumpf, das mehr von der unberechenbaren Leichtigkeit verkörpert, von der immer wieder in beiden Testamenten zu lesen ist.

Ein offenes Weltbild

Lange Zeit war ich der Meinung, dass Engstirnigkeit ein „Privileg" von Menschen bestimmter religiöser Gruppierungen sei. Inzwischen habe ich gelernt, dass die Möglichkeit einengender Denk- und Handlungsmuster keineswegs eines religiösen Hintergrundes bedarf. Auch ohne jegliche bewusste Bindung an eine Glaubensgemeinschaft, beobachte ich, dass es viele Menschen gibt, deren Weltbild mehr oder weniger bewusst deterministisch zu sein scheint. Für diese Menschen scheinen die Abläufe in Natur und Geschichte letztlich festgelegt zu sein. Singularitäten werden nicht für möglich gehalten. Es macht mich traurig, 40-Jährige zu treffen, die so tun, als ob sie alles von dieser Welt wissen. Sie scheinen nichts mehr vom Leben zu erwarten. Sie geben auch den Menschen in ihrer Umgebung wenig Raum, sich zu entfalten oder gar zu verändern.

Der Zuwachs menschlichen Wissens ist sicherlich beeindruckend. Es fasziniert mich, was Menschen erforschen und entdecken. War das Telefonieren für meine Großmutter in ihrer Kindheit noch unvorstellbar, habe ich die Schule in einer Zeit besucht, als es noch kein Internet gab. Die Vorstellung, in Video-Konferenzen mit Menschen irgendwo auf dem Globus in Wort und Bild im Dialog zu sein, war den völlig abgedrehten Träumern vorbehalten.

„Expect the unexpected"

„Erwarte das Unerwartete" scheint mir ein passendes Motto zu sein, dem rasanten Wandel zu begegnen. Dies trifft auf technologische Entwicklungen ebenso zu wie auf gesellschaftliche Veränderungen. Die Schlussfolgerung daraus könnte doch eigentlich sein, dass wir uns innerlich darauf einstellen, dass es im

Laufe unseres Lebens noch die eine oder andere Überraschung geben kann.

Die weltweit verhängten Maßnahmen der Corona-Pandemie 2020 veränderten das Leben in einer dramatischen Weise, die noch wenige Wochen vorher als unvorstellbar galt. Werden wir daraus nachhaltig lernen?

Ein Blick über die Grenzen Deutschlands und Europas hinaus hilft zu erahnen, wie außergewöhnlich glücklich die letzten Jahrzehnte in diesem Teil der Welt – trotz der Corona-Pandemie – verlaufen sind. Die häufiger werdenden Nachrichten von rassistischen Gewalttaten mahnen jedoch ebenso wie das Anwachsen nationalistischer Parteien bei uns und in vielen anderen europäischen Staaten, dieses Glück nicht als selbstverständlich anzusehen. In einer der vielen Inschriften der East-Side-Gallery in Berlin wird Erich Fried zitiert:

„Wer will, dass die Welt bleibt, wie sie ist,
will nicht, dass die Welt bleibt."

Stillstand ist keine Option für einen lebendigen Organismus. Für mich selbst möchte ich das Staunen nicht verlernen.

Ein offenes Menschenbild

„Aus ihr wird sicher einmal eine Tänzerin." Was vielleicht als wohlwollendes Kompliment gemeint war, kann leider auch zu einer Festschreibung werden. Da sehen Eltern eine Begabung und ganz schnell ist das Kind darauf festgelegt, sich möglichst genau diesem Bild entsprechend zu entwickeln. Vermutlich noch häufiger bemerken Erwachsene, dass Kinder etwas (noch) nicht können. Aber sie denken das „noch" leider sehr oft nicht mit. In ihren Gedanken, leider auch häufig in ihren Worten, findet dann eine Kategorisierung statt. „Sie ist unsportlich", „Er wird nie gut in Mathe sein", „Sie kann einfach nicht malen". Theoretisch scheint es sich herumgesprochen zu haben, dass der *Homo sapiens* lernfähig ist. Ein wachsender Anteil der Eltern und Pädagog*innen hat Denkweisen und Handlungsstrategien entwickelt, die offen sind für bisher noch nicht sichtbar geworddene Begabungen und Fähigkeiten. Trotzdem begegnen mir immer wieder auch in Kitas und Schulen Verantwortliche, die meinen zu wissen, was in einer 4-Jährigen oder einem 12-Jährigen steckt. Besonders erschüttert hat mich die Frage, die ein Schulleiter im Herbst 2019 stellte, als er mit einer Gruppe von Kolleg*innen unsere Gemeinschaftsschule besuchte, um etwas über unser Ganztagskonzept zu erfahren:

> „Die Aufgabe von Gymnasien ist es ja, die Besten der Gesellschaft zu selektieren und an die Spitze der Gesellschaft zu setzen. Wie kommen Sie dieser Aufgabe nach?"

Ich bin immer noch entsetzt. Achtzig Jahre zuvor hätte er wohl ganz dem Ungeist der Zeit in Deutschland entsprochen. Aber da war zu Beginn des 21. Jahrhunderts ein Schulleiter, der so erschütternd den Selektionsgedanken von Schule formulierte, wie ich ihn zuvor nie explizit gehört hatte. Unausgesprochen gehen aber wohl immer noch etliche davon aus, dass sich Menschen in Kategorien einteilen lassen, die anscheinend auch in einer Rangordnung zueinander stehen. Es ist offensichtlich, welch erschütternde Folgen solch ein Menschenbild für unsere Gesellschaft hat.

Wie wohltuend sind dagegen all jene Frauen und Männer, die Kindern und Jugendlichen hoffnungsvoll begegnen. Wie wohltuend ihr freundliches Lächeln, ihre ermutigenden Worte und ihre kompetente Unterstützung auf den verschiedensten Lern- und Lebenswegen zu beobachten. Der Schweizer Pädagoge Peter Fratton nennt als eine der vier Grundlinien für gelingende Schule das „ins Gelingen verliebt sein", die Zuversicht, dass Lernerfolge und Veränderung möglich sind. Der immense Reichtum erfahrener Pädagog*innen besteht doch u. a. auch darin, dass sie Geschichten von solchen zu erzählen haben, die einmal als chancenlos galten. Immer wieder begegnen einem Kinder und Jugendliche, die ganz offensichtlich gerade nicht auf der Sonnenseite des Lebens stehen. Einige sind von schwerer Krankheit gekennzeichnet. Andere leben mit einer angeborenen Behinderung. Manche kommen aus einem sozialen Umfeld, das nichts Gutes verspricht. Andere haben auf der Flucht nicht nur die Geborgenheit der Heimat verloren. Die Gründe zur vermeintlichen Perspektivlosigkeit sind anscheinend unbegrenzt. Gerade für diese Menschen sind wir Pädagog*innen von Bedeutung. Vielleicht sind wir die Ersten, die sie wertschätzend anblicken. Vielleicht sind wir die Ersten, die loben, welche Fähigkeiten vorhanden sind. Vielleicht sind wir die Ersten, die so etwas wie Hoffnung wecken. Vielleicht gelingt es uns zumindest fragmentarisch zu vermitteln, dass hinter dem grauen Horizont doch eine andere Wirklichkeit möglich sein könnte. Norbert Kron beschreibt in „Ein Zuhause in der Fremde", wie dies trotz extrem herausfordernder Rahmenbedingungen an der Bialik-Rogozin-Schule in Tel Aviv (Israel) unter Leitung des charismatischen Eli Nechama und dem unterstützenden Engagement ungezählter Ehrenamtlicher vorbildlich gelingt.[2]

An Veränderungen von Kindern und Jugendlichen zu glauben, wird einem an verschiedenen Stellen an Hochschulen und Schulen immer wieder versucht zu vermitteln. Aber Verände-

---

[2] Norbert Kron, Ein Zuhause in der Fremde, Gütersloh 2017

rung auch bei Erwachsenen für denkbar zu halten und zu ermöglichen, ist eine weitere Herausforderung. In der Paarberatung nimmt dieser Aspekt großen Raum ein. Im beruflichen Kontext scheint Unveränderbarkeit jedoch als ungeschriebene Folie ständig im Hintergrund mitzulaufen. „Das macht der doch immer so", ist keine objektive Beobachtung, sondern eine Festschreibung, die Veränderung behindert. Es geht mir nicht darum, ob aus einem 110 kg schweren Kerl eine Balletttänzerin werden kann. Aber ich möchte dafür plädieren, dass wir unsere Kollegien mit mehr Hoffnung beleben. Ich wünsche mir den Glauben daran, dass vieles von dem, womit wir uns gegenseitig belasten, anders werden kann. Wie entwickeln wir eine Kultur, in der die Gemeinschaft eines Kollegiums Einzelnen Raum zu persönlichem Wachstum ermöglicht? Wie gestalten wir Personalgespräche, Einsatzpläne und das Leben im schulischen Alltag insgesamt, damit die wunderbaren Begabungen und Fähigkeiten sich entfalten können? Welche externen Unterstützungsangebote bieten wir denen, die an sich arbeiten wollen?

Nicht zuletzt möchte ich auch in meinem eigenen Leben Veränderung für möglich halten. Sätze wie „Ich bin halt so", sind allzu oft eine Floskel, mit der diejenigen sich herausreden, die Persönlichkeitsentwicklung vor allem bei anderen wünschen. In Eckart von Hirschhausens Sinn,[3] möchte ich mich nicht aus einem Pinguin in eine Giraffe verwandeln. Es tut gut zu entdecken, wofür das eigene Herz schlägt und in welchem Umfeld ich aufblühen kann. In dieser Grundgeborgenheit kann ich mich der Welt und anderen gegenüber öffnen. Vielleicht ergibt sich dann ja auch das eine oder andere Verhalten, das ich dann zum

---

[3] Mach es wie der Pinguin! Finde dein Element. Eckart von Hirschhausen (Glück kommt selten ein).
https://www.youtube.com/watch?v=tOxywMaE8GY

Wohle aller ablegen kann, bzw. auch manches, was ich auch jenseits der 40 noch erlernen kann.

Türen schließen können

„Wer nach allen Seiten offen ist, kann nicht ganz dicht sein."

Diesen Satz habe ich schon oft gehört. Die einen sagen ihn scherzhaft über sich selbst, weil sie sich selbst besonders komisch fanden. Andere sagten ihn zu mir, wenn sie einer meiner neuen Ideen skeptisch gegenüberstanden und besorgt um mich waren. Die englischsprachige Entsprechung ist die Mahnung „Do not be so open-minded that your brains fall out".

Obwohl ich hoffe, dass deutlich geworden ist, dass es mir weder um Beliebigkeit noch um Grenzenlosigkeit geht, möchte ich zumindest kurz erläutern, dass ich manche Begrenzungen für gut und wichtig erachte. Für eine gesunde Persönlichkeitsentwicklung ist es wesentlich, sich auch abgrenzen zu können. Kinder lösen sich von ihren Eltern, grenzen sich in der Pubertät oft schmerzhaft ab und entwickeln ihren eigenen Lebensstil. Freundschaften und Ehen brauchen neben Gemeinsamkeiten auch Räume, in denen sich jede*r für sich entwickeln kann – auch im Anderssein zur Partnerin bzw. zum Partner.

Ebenso erfordert das alltägliche Leben, dass ich meine Grenzen kenne und für deren Einhaltung Sorge tragen kann. Es mag banal klingen, aber ich werde nicht alle Informationen aufnehmen, die auf mich einströmen. Selbst so vermeintlich sachlich neutrale Berichte wie Nachrichten kann ich nur in begrenztem Umfang verkraften. Manchmal entscheide ich mich, wochenlang keine Nachrichtensendung zu hören oder anzuschauen. Manchmal tue ich dies nur einmal am Tag. Oder ich beschränke mich auf die Lektüre eines wöchentlich erscheinenden (Print-) Mediums. In den ersten Wochen der Corona-Krise haben viele sehr bald gemerkt, dass sie keineswegs ein stündliches Update der irgendwo auf der Welt erstellten Statistiken oder beschlossenen Maßnahmen brauchten, damit sie ihr Leben sinnerfüllt und zuversichtlich gestalten konnten. Es tut gut, wenn ich mich bewusst manchem verschließe, damit das für mich Wesentliche sowie Gutes und Schönes in mir Raum finden können.

Auch für persönliche Begegnungen mit anderen Menschen braucht es einen geschützten Rahmen. Natürlich werde ich sensible Gespräche nicht im Großraumbüro führen. Wenn ich Menschen die Möglichkeit dafür bieten möchte, dass sie über etwas sprechen, das sie bisher keinem anvertraut haben, dann kann auch dies nur in einem geschützten Rahmen passieren. Das gilt nicht nur im beruflichen Umfeld. Gerade private Gespräche brauchen einen geschützten Raum, in den Dritte nicht plötzlich ungefragt eindringen können. Für manche Formen der nicht primär verbalen Kommunikation haben wir uns als Ehepaar auch stets hinter verschlossene Türen zurückgezogen.

Ebenso kennt gelebter Glauben neben vielen gemeinschaftlichen Formen auch andere Praktiken, die bewusst nicht in die Öffentlichkeit gehören.

„Wenn Du beten willst,
zieh Dich zurück in Dein Zimmer,
schließ die Tür hinter Dir zu."

Das mahnt Jesus von Nazareth in der sogenannten Bergpredigt. Persönlich bin ich davon überzeugt, dass die Bereitschaft und Fähigkeit, sich dem Leben und all seinen verrückten Wendungen zu öffnen, sogar ganz wesentlich davon abhängt, ob es mir gelingt, immer wieder – im Laufe eines Tages, im Laufe einer

Woche, im Laufe eines Jahres – Zeiten zu finden, in denen ich mich zurückziehe, „die Türen verschließe" und mich in der Stille öffnen kann.

Dienen oder sich bedienen lassen

Ob in Schule, Kirche, Familie oder Gesellschaft – überall entwickeln sich Strukturen, in denen Menschen ihr Miteinander regeln. Manches geschieht nach explizit formulierten Regelkatalogen. Aber sehr häufig ergibt sich eine Konstellation, an die sich die Beteiligten oft unausgesprochen halten. Die Frage, wie Macht in solchen Gruppen ausgeübt wird, beschäftigt nicht erst die Soziologen und Psychologen des vergangenen Jahrhunderts. Ratschläge und Hinweise finden sich in verschiedensten Kulturen und Epochen. Für mich persönlich waren es wenige Sätze im Neuen Testament, die mir in diesem Zusammenhang bis heute wichtig sind. Als Kind hatte ich in der katholischen Kirche immer wieder Passagen des Alten und Neuen Testaments im Gottesdienst gehört. Aber erst als Jugendlicher bemerkte ich, dass da ein ganzes Buch ist, das man durchaus nicht nur in kleinen Abschnitten lesen konnte. Auch nach Jahrzehnten sind mir manche Passagen immer noch fremd, anderes bleibt unverständlich. Aber insgesamt faszinieren und inspirieren mich viele der so unterschiedlichen Bücher des Alten und Neuen Testaments immer wieder neu. Facettenreich wie das Leben, erscheint manches widersprüchlich und doch werden klare Linien erkennbar. Es muss kurz vor meinem Abitur gewesen sein, als ich im Matthäus-Evangelium davon las, wie Jesus das in seiner Umwelt übliche Verhalten mit dem verglich, was er für sich und seine Nachfolger*innen proklamierte.
Da rief Jesus alle zusammen und sagte:

„Ihr wisst, wie die Großen und Mächtigen dieser Welt ihre Völker unterdrücken. Wer die Macht hat, nutzt sie rücksichtslos aus. Aber so darf es bei euch nicht sein. Im Gegenteil: Wer groß sein will, der soll den anderen dienen, und wer der Erste sein will, der soll sich allen unterordnen. Denn auch der Menschensohn ist nicht gekommen, um sich bedienen zu lassen. Er kam, um zu dienen und sein Leben als Lösegeld hinzugeben, damit viele Menschen aus der Gewalt des Bösen befreit werden."

Matthäus 20,25-28[4]

Damals hatte ich den Eindruck, dass sich seitdem wenig an den gesellschaftlichen Verhältnissen geändert hat. Diesen Eindruck habe ich bis heute. Mächtige unterdrücken. Wer das Sagen hat, bestimmt über die anderen. Dieses Prinzip scheint vermeintlich so einfach wie universell zu sein. Es spielt eine untergeordnete Rolle, ob sich die Überlegenheit auf körperliche Kräfte, materiellen Wohlstand, militärische Stärke oder intellektuelle Ausdrucksfähigkeit bezieht. Die Stärkeren scheinen sich fast immer und überall auf Kosten der Schwächeren zu profilieren.

Für sich und die, die ihm nachfolgen wollen, formulierte Jesus von Nazareth ein Prinzip, das mit diesem beschriebenen Automatismus bricht. Diejenigen, die mächtig sind, die etwas haben, was andere nicht haben, sollen sich für andere einsetzen. Jesus verleugnete weder, dass es Macht gibt, noch bestritt er, dass es Unterschiede zwischen Menschen gibt. Aber er gab den erstaunten Männern, die so gerne Machtpositionen „in seinem Reich" hätten, mit aller Deutlichkeit zu verstehen, dass er keineswegs gekommen ist, damit man ihm huldigt. Seinen Auftrag sah er

---

[4] Zitiert nach der Bibelübersetzung Hoffnung für Alle® (Hope for All), © 1983, 1996, 2002, 2009, 2015 by Biblica, Inc.®

zweifelsfrei darin, anderen Menschen zu dienen. Er versuchte diejenigen, die seit einiger Zeit mit ihm durch das Land gezogen waren, darauf vorzubereiten, dass Jerusalem nicht die Stadt sein werde, in der er sich als triumphierender König über alle anderen hinwegsetzen wolle. Er formulierte vorab, was sie erst lange Zeit später verstehen würden. Seine Kreuzigung war nicht das Scheitern seiner Mission, sondern deren Erfüllung. Das Kreuz ist keinesfalls das Ende, sondern der Ausgang, der Exodus, der Weg in die Freiheit (Luk. 9,31).[5] Für mein alltägliches Leben stellt sich die Frage, wie sich solch ein Prinzip in heutiger Zeit umsetzen lässt. Wie realistisch ist es, als Vater der Familie zu dienen, ohne sie zu dominieren? Wie weit komme ich als Schulleiter, wenn ich andere nicht beherrschen möchte? Zumindest skizzenhaft möchte ich versuchen, darauf noch einzugehen.

Verantwortung übernehmen

Es ist eine meiner Überzeugungen, dass grenzenlose Beliebigkeit ins Chaos führt. Zu meinen, dass in einer Gemeinschaft alles basisdemokratisch ausdiskutiert und entschieden werden soll, halte ich für eine Illusion. So sehr ich das Potenzial in jedem einzelnen Menschen schätze, so sehr empfinde ich es auch als wohltuend, wenn es Verantwortliche gibt, die anderen Men-

---

[5] An dieser Stelle des Neuen Testaments wird im Griechischen das Wort *exodus* benutzt. Während in einigen deutschen Bibelübersetzungen leider davon die Rede ist, dass Mose und Elia mit Jesus „über sein Ende" reden, trifft die englische Übertragung von Lukas 9,31 The Message (MSG) von Eugene H. Peterson es hier sehr genau: „*They talked over his exodus, the one Jesus was about to complete in Jerusalem.*" Die Verbindung zur Befreiung aus Ägypten (dem 2. Buch Mose, dem Buch Exodus) scheint mir offensichtlich zu sein. Diese Exodus-Erfahrung, die Befreiung aus Ägypten, ist bis heute im Judentum identitätsstiftend.

schen Raum geben, um sich entfalten zu können. Ein Teil dieses Raum-Gebens besteht auch darin, die Kräfte zurückzuweisen, die andere an ihrer Entfaltung hindern wollen. Als Eltern haben wir sehr bewusst entschieden, in welcher Umgebung sich unsere Kinder entwickeln sollten. Säuglinge brauchen sehr viel stabilere Verhältnisse als Kleinkinder, Grundschulkinder oder Teenager. Gerade wenn das Ziel Selbstständigkeit ist, werde ich überlegen, wo es gute Bedingungen für die ersten Schritte gibt. Ich formuliere dabei gerne, dass alle Menschen das Gehen „von Fall zu Fall" lernen. Das kann auch schmerzvoll sein. Aber ich wäre ein schlechter Vater, wenn der Boden schon bei den ersten Gehversuchen voll rostiger Nägel, Scherben oder giftiger Kräuter wäre.

Was für die kindliche Entwicklung den meisten als selbstverständlich erscheint, ist meines Erachtens leider für eine gesunde Schulkultur oft nicht gegeben. Es verwundert mich, mit welcher Selbstverständlichkeit zum Teil toxische Verhaltensweisen in pädagogischen Einrichtungen akzeptiert werden. Das Verbreiten von Lügen und boshaften Gerüchten ist meines Wissens allgemein als zerstörerisch bekannt. Es ist für mich daher selbstverständlich, dass Schulleitungen unter anderem auch in Gesprächen mit Eltern, Mitarbeiter*innen und Schüler*innen auf einen wertschätzenden Ton achten und bereit sind, entsprechend konsequent zu handeln, wo dieser Rahmen missachtet wird. Während meiner Zeit in Düsseldorf habe ich zweimal Gespräche abgebrochen und die wütenden Eltern aus meinem Büro verwiesen. In beiden Fällen kam es im Rahmen eines Krisengespräches zu Klagen über eine nicht anwesende Kollegin. Jeweils zwei Mal hatte ich deutlich darauf hingewiesen, dass es bei uns nicht üblich sei, negativ über Kolleg*innen zu sprechen, die nicht anwesend sind. Als die Vorwürfe ein drittes Mal laut wurden, stand ich auf, ging zur Tür, erklärte das Gespräch für beendet und bat die Beteiligten, den Raum zu verlassen. So flexibel man in vielen Detailfragen reagieren mag, so klar sollte das Handeln von Leitern sein, wenn es um den Schutz von Mitarbeiter*innen und anderen Positionen geht, die nicht verhandelbar sind.

Einen breiten Rücken haben

Über den Umgang mit Fehlern und dem Schaffen einer nicht perfektionistischen Schulkultur war schon die Rede. Es ist keine Frage, ob Fehler passieren. Die Frage ist, wie Leiter*innen darauf reagieren. Wenn Vorgesetzte kleinkariert über jeden Fehltritt Buch führen, ist das alles andere als förderlich. Wenn man sich jedoch auch in Krisensituationen hinter Kolleg*innen stellt, dann habe ich weder bei vorgesetzten Behörden noch innerhalb des Kollegiums Missfallen wahrgenommen. An dieser Stelle erwähne ich gerne lobend die mir Vorgesetzten der Bezirksregierung in Düsseldorf und des Berliner Senats. Meine Anfragen wurden dort generell freundlich und kompetent bearbeitet. In schwierigen Situationen fand ich bei der Suche nach einer guten Lösung für alle Beteiligten stets ein offenes Ohr. Solch ein Umgang tut einfach gut. Es entspannt. Natürlich immer vorausgesetzt, und davon kann man bei fast allen Kolleg*innen ausgehen, dass sowohl das Bemühen als auch die grundsätzliche Fähigkeit, die Aufgabe zu bewältigen, vorhanden ist. Es gibt ganz sicher manchmal auch Situationen, in denen eine Beratung zum Wechsel der Schule oder des Berufs sinnvoll sind. Aber solchen sensiblen Themen sollte eine umfassende Wahrnehmung von mehreren Personen vorausgehen. Sie können zu gegebener Zeit in vertrauensvoller Ruhe, nicht jedoch unter externem Druck angesprochen werden.

Eines der schönsten Beispiele für jemanden, der sich schützend vor andere stellt – und ihnen damit den Rücken frei hält –, lieferte Norbert Warnatzsch. Der Name dürfte den wenigsten Leser*innen bekannt sein. Norbert Warnatzsch war über sehr viele Jahre Trainer berühmter Schwimmerinnen wie Franziska von Almsick und Britta Steffen. Nach ihrem Comeback 2002 lobte Franziska von Almsick ihren Trainer mit den Worten:

> „Er hat an mich geglaubt. Und er war es, der in mir etwas wachgerüttelt hat, was in den letzten sieben Jahren eingeschlafen ist, den letzten Willen, das Durchbeißen."

Als sie bei den Olympischen Spielen 2004 nicht wie von vielen erhofft und erwartet die Goldmedaille gewann, sondern nur den 5. Platz erreichte, wurde Norbert Warnatzsch wenige Minuten nach dem „Misserfolg" interviewt. Das übliche Gerede. Und dann natürlich die Frage: „Wie konnte das passieren?" Ob er denn schon irgendeine Idee hätte, woran es denn gelegen haben könnte. Der Reporter erwartet keine konkrete Aussage. Man sah, wie verblüfft, ja fast hilflos er war, als Norbert Warnatzsch antwortete:

> „Doch, ich kann ihnen sagen, woher der Misserfolg kam. Es lag am Trainer!"

Dann erläuterte er ruhig, dass die Sportlerin vollen Einsatz gebracht hatte und sich zu hundert Prozent an seinen Plan gehalten habe. Sie hatte alles gegeben. Also muss es am Trainer gelegen haben. Ich wünsche mir mehr solche Frauen und Männer, die sich mit dieser Geistesgegenwart mutig vor ihre Schützlinge stellen.

184

Offenheit ermöglichen

Es ist eine interessante Frage, woher die Impulse kommen und wer die mühsame Kleinarbeit übernimmt, aus einer brillanten Idee ein Projekt zu machen, das mehr als eine Eintagsfliege ist, die die Kultur an einer Schule nur kurzfristig belebt. Leiter*innen haben meines Erachtens daran vor allem in der Weise großen Einfluss, dass sie das Aufkommen von Ideen ermöglichen. Es braucht Raum und Zeit, in denen sich Ideen entwickeln können. Resonanz muss möglich sein. Schüler*innen, Eltern und/oder Kolleg*innen sollten sich finden, die auf ihre Weise unterstützen. Dann sind Räume und Mittel zur Verfügung zu stellen, sodass eine Pilotphase zeitnah beginnen kann. Es ist eine Frage des Gespürs für den richtigen Zeitpunkt, die verhindert, dass ein Vorschlag kaputtverwaltet oder in endlosen Gremienschleifen so lange diskutiert werden muss, bis sich die Initiator*innen frustriert zurückziehen.

A Fragnance of Grace

Neben manchen durchaus auch operationalisierbaren Faktoren, die über die Qualität einer Schulkultur etwas aussagen, mag ich die recht poetische Beschreibung „*a fragnance of grace*". Vermutlich würden nur wenige es so nennen. Aber die meisten kennen wohl das Gefühl, wenn man an einen Ort kommt, von dem eine wohltuende Atmosphäre ausgeht. Kitas sind häufig solche Orte, an denen es den kleinen und großen Menschen offensichtlich gut geht. Miteinander spielende Kinder und Erzieher*innen, die einen vermeintlich entspannten Tag verbringen. Manche Schulen sind solche Orte. Sie sind lebendig, aber nicht hektisch. Pausenhöfe laden zum Spielen oder Verweilen ein. In Sitzgruppen kann man entspannte Gespräche beobachten. Das Tempo der auf den Fluren Gehenden macht deutlich, dass hier Menschen unterwegs, aber nicht getrieben sind. Man lächelt einander zu. Irgendwie scheinen alle gerne hier zu sein. Kein aggressives Beschimpfen oder hektisches Gerenne. Irgendwie scheint alles zusammenzupassen.

Die eigene Geschichte trotz aller Brüche als Glückfall verstehen können

Neben den beschriebenen gemeinschaftlichen Aspekten ist das Selbstkonzept der Leiter*innen meines Erachtens ebenso von Bedeutung. Manche verstehen ihre Tätigkeit im Erfüllen einer Rolle. Sie vermeiden bewusst jegliche persönlichen Äußerungen. Manche würden diese als unprofessionell ablehnen. Andere beklagen andauernd ihren engen Handlungsspielraum, oder sie sehen sich gar als Opfer von Vorgesetzten oder des Kollegiums. Wieder andere scheinen von Erfolg zu Erfolg zu eilen. Auch nach Jahren wird man von ihnen weder von eigenen Fehlern noch von nicht erreichten Zielen hören. Ich misstraue denen, die vermeintlich immer und überall auf der Sonnenseite des Lebens stehen. Natürlich ist es eine Frage der psychischen Gesundheit, bewusst zu entscheiden, wem ich mich mit meinen Verletzungen und Ängsten mitteile. Je persönlicher und intimer die Erfahrungen sind, desto kleiner und ausgewählter wird der Kreis sein. Aber wenn in vielen Gesprächen in einem kleinen Team über lange Zeit weder von beruflichen noch privaten Rückschlägen oder Zweifeln die Rede ist, dann habe ich meine Zweifel an der Offenheit des Miteinanders. Ich schätze es sehr, wenn ich bei allem Optimismus in einer Gruppe auch Betroffenheit, Verunsicherung und Ratlosigkeit erleben kann. Menschen, die zeigen, dass sie nicht alles im Griff haben und die ehrlich von überstandenen Krisen sprechen können – oder sogar in Krisen diese nicht verschweigen –, gewinnen an Glaubwürdigkeit.

Ebenso ist es mir sympathisch, wenn gerade kompetente, begabte und erfolgreiche Leiter*innen ihr Gelingen nicht ausschließlich mit Fleiß und Begabung erklären, sondern sie sich und ihr Team auch als Beschenkte verstehen können. Menschen, die auch einmal von einem Glücksfall sprechen können, drücken damit unter anderem auch aus, dass ihnen bewusst ist, wie unverfügbar vieles im Leben ist. Bei aller Anstrengung nehmen sie dankbar zur Kenntnis, dass trotz allem Bemühen weder der Bildungserfolg einzelner Jugendlicher noch das Wachsen einer lebendigen Schulkultur erzwungen werden kann. Das kann man dann auch Segen Gottes nennen.

Wir können dankbar für die Herausforderung sein, unsere Welt kreativ mitzugestalten.

Wir können immer wieder Staunen, welche Möglichkeiten sich ergeben.

Wir können als Beschenkte anderen Türen öffnen.

Schule als Vision – Potenziale entdecken und entfalten

Wolfgang Heinrichs, Kollege von 2009–2016

Uli Marienfeld lernte ich als Direktor am Freien Christlichen Gymnasium Düsseldorf kennen, an dem ich im Sommer 2009 meinen Dienst als Religions- und Geschichtslehrer antrat und wo ich bis heute tätig bin.

Am 3. Februar d. J. hatte ich mein erstes Bewerbungsgespräch mit ihm. Ich kam als Seiteneinsteiger, stand zu dieser Zeit noch im Gemeindedienst als Pastor und unterrichtete Ge-

schichte als apl. Prof. an der Bergischen Universität Wuppertal. Geschichts- und Religionslehrer waren und sind auch heute noch an einem Gymnasium weniger gefragt. Diese Schule aber war im Aufbau begriffen und hatte einen Direktor mit Vision, der sich weder von Unter- noch Überqualifizierungen abschrecken ließ, sondern auf das Entfaltungspotenzial des Menschen sah, der vor ihm stand. Jeder andere Direktor hätte, wenn er es überhaupt in Erwägung gezogen hätte, zu einem Probeunterricht eingeladen, indem der Bewerber zu zeigen hatte, was er kann. Nicht so Uli Marienfeld. Er fragte danach, ob ich mir denn einmal Unterricht in seiner Schule ansehen wolle, um dann zu entscheiden, ob ich mir vorstellen könne, dort zu unterrichten. Später begriff ich, dass hier und in anderen Formen seiner Schulleitung ein bemerkenswerter pädagogischer Einfall stand, und zwar der, dass Lehrender wie Lernender zuerst selbst entdecken muss, was und wie er zu lehren und zu lernen hat. Dies ist genau das Gegenteil davon, sich nach wie immer gut gemeinten Plänen und Regeln ein- oder gar unterzuordnen. Nicht der vorgegebene Lehr- und Lernstand setzt so die Maßstäbe, sondern Lehren und Lernen ist ein sich immer wieder neu gestaltender, kreativer Prozess.

In diesen Prozess begab ich mich nun hinein. Ich war damit von Anfang an nicht derjenige, der sich in eine feste Form einzufügen hatte, sondern Teil eines sich entfaltenden Organismus kreativer Chancen. So sahen es auch die Kollegen, auf die ich traf. Meine Mentorin, Birgit Högn (heute stellvertretende Schulleiterin in Wuppertal), war gerade mal ein Jahr vorher zu der Schule gekommen. Sie und eine Reihe weiterer Kolleginnen und Kollegen achteten fortan auf mich – und meine Stärken. Hier sehe ich das zweite Merkmal der Pädagogik Uli Marienfelds neben dem „Entdecken": das korrespondierende „Entfalten" der Möglichkeiten. Zu beiden war und ist er eine *nahezu unerschöpfliche Quelle, ein koordinierender Think Tank des Denkens, Fühlens und Handelns, inspirierend für alle, die mit ihm zusammenarbeiten. Er lehrt nicht allein, sondern lebt diesen, seinen pädagogischen Ansatz aus. Theoretisch reflektiert finde ich ihn in den pädagogischen Beobachtungen des Schweizer Pädagogen Hans Zulliger (1893–1965), der wiederum aus dem tiefenpsychologischen Fundus Freuds und Adlers schöpft. Mehr noch finde ich diesen Ansatz in dem Roman Hanns-Josef Ortheils „Die Erfindung des Lebens" (2009) wieder, indem die Erschließung bzw. Öffnung der Welt mittels Beobachtung und Begehung geschildert wird. Ein Junge lernt darin von seinem einfühlsamen Vater, wie er mittels Eindrücken, Bildern und künstlerischen Begegnung die Welt erfassen, seine Ängste verstehen, verarbeiten und durch die Entwicklung seines eigenen Lernsystems seine Potenziale entfalten kann. Dies geschieht, indem Denken, Sehen und Hören zusammenfinden. Aus einem sprachlosen Kind wird über die Kunst ein genialer Mensch, obwohl ihn anfänglich seine Lehrer schon als hoffnungslosen Fall abgeschrieben hatten.*

Soweit die Theorie. Umgesetzt fand ich sie in der pädagogischen Praxis Uli Marienfelds, bei dem nicht zuerst die erbrachte sowie die mittels Rotstiftes angestrichene, nicht erbrachte Leistung zählte, sondern die Motivation, die zu fördernde Lernbereitschaft. Diese wurde provoziert durch Anerkennung und Zutrauen. Beides geschieht besonders dadurch, dass der/ die Schüler*in nicht allein lernt, sondern der Pädagoge gleich mit. Der Pädagoge wird hier zum begeisternden und begeisterten Lehrling, der selbst Fortschritte macht.

So fanden durch seine Ermutigung auch solche zu unserer Schule, die andere längst für nicht gymnasialreif erklärt hatten. Zur Überraschung vieler erzielten aber gerade diese nicht selten glänzende Abiturnoten. Versagen, hier spielt nicht zuletzt die christliche Ausrichtung der Pädagogik Marienfelds eine Rolle, bedeutet nicht das Aus, sondern eine Chance es anders zu versuchen. Was mich besonders beeindruckte, ist sein emotionales Mitfühlen, das ihn manches Mal gar in Tränen ausbrechen ließ, wenn jemand, auf den sonst niemand gewettet hatte, einen glänzenden Erfolg zeigen konnte. Dabei entwickelte er als Fachlehrer für Mathematik und Sport, in letzterer Disziplin promovierte er mit einer empirischen Dissertation, ein ganzheitliches pädagogisches Konzept, das über Beobachten und sich Ausprobieren in bevorzugt kreativen, auch interdisziplinären Projekten den ganzen Menschen anspricht. Hierzu zählten Tanzen, übrigens an ganz ungewöhnlichen Orten wie der Rolltreppe eines Kaufhauses, Theater, Kunst, Ausstellungen, provozierende Gespräche, sportliche Aktionen, Umwelt erkunden, Menschen verstehen durch Zeitzeugengespräche, Förderung von Exkursionen, Schulpartnerschaften u. v. m. Dass sich Uli Marienfeld in einem Mathematikprojekt der Chaostheorie widmete, entspricht seiner gewonnenen Erfahrung, dass sich Leben als unberechenbar zeigt. Sein Motto „Leben ist nicht Malen nach Zahlen" entspricht seiner Lebensauffassung und Lebensförderung. Leben scheint mir für ihn aus gespannter Erwartung auf das Gute zu bestehen. Schule einmal träumen, ohne sich gleich von den vorgegebenen Schranken einer kalkulierbaren Realisierbarkeit eingrenzen zu lassen, Horizonte zu öffnen, dabei Impressionen leidenschaftlich zu teilen – das scheint mir die Intention seiner Pädagogik.

Über den Autor

Vita

Berlin	1966–1978	Grundschule und Gymnasium in Berlin-Steglitz	Geburt (1959)
Tübingen	1978–1980	Eberhard-Karls-Universität	
Cortland, NY	1980	State University of New York, Cortland (USA)	
Graz	1980–1981	Karl-Franzens-Universität Graz	Hochzeit mit Waltraud (1981)
Braun-schweig	1981–1984	Technische Universität – 1. Staatsexamen	Geburt von Ma-rina (1981) und Benjamin (1982)
	1984–1986	Referendariat, Neue Oberschule – 2. Staatsexamen	Geburt von Katha-rina (1985)
Gießen	1986–2004	August-Hermann-Francke-Schule, Oberstufenleiter	Geburt von Sascha (1990) Tod von Waltraud (2003)
Düsseldorf	2004–2016	Freies Christliches Gymnasium, Schulleiter (2007–2016)	Geburt der Enkel-kinder in Berlin Kimo (2007) Tyam (2008) Samuel (2015) Hector (2017) Filipa (2019) Carlo (2020)
	2004–2010	Deutsche Sporthochschule Köln, Institut für Sportsoziologie, Ab-teilung Geschlechterforschung, Promotionsstudium	
Berlin	2016–2018	Christburg-Campus, Leiter Grundschule, Aufbau Oberstufe	
	seit 2018	Evangelische Schule Berlin Zentrum, stellv. Schulleiter	

Student in Tübingen 1979

Hochzeit in Graz 1981

Familie in Lich 2000

Gießen 2001

Düsseldorf 2015

Über die Wegbegleiter*innen

Seung-Hyun Chong (*1975), lebt in Seoul (Korea), verheiratet, ein Kind
Beruf: Lehrer; Seine Leidenschaft: Filmemachen
Motto: *„Carpe Diem"*

Ulrich Falk (*1969), lebt in Kleve, verheiratet, Vater von drei Töchtern
Seit 1997 im Schuldienst, seit 2008 in Schulleitung tätig, seit 2016 an der euregio realschule Kranenburg
Motto: „ *... leaning the unforced rhythms of grace."* Matthew 11:28-30 (zit. n. *The Message* (MSG)

Ute Haupt (*1979), lebt in Mettmann, verheiratet mit Joachim, drei Kinder
Gymnasiallehrerin; sie genießt ihre Ehe und Familie und pflegt gern lebendige Beziehungen.
„My grace is sufficient for you, for my power is made perfect in weakness."
(2. Kor. 12,9)

Pastor Prof. Dr. Wolfgang E. Heinrichs
(*1956), lebt in Wuppertal, verheiratet mit
Juliane, drei Kinder
Lehrer am Freien Christlichen Gymnasium;
Apl. Prof. a. d. Bergischen Universität Wup-
pertal für Neuere Geschichte unter besonderer
Berücksichtigung der Kirchengeschichte; zahlreiche Veröffentli-
chungen in diesen Bereichen; Lehrbeauftragter a. d. Theologi-
schen Hochschule des Bundes FeG in Dietzhölztal-Ewersbach;
Pastor im Bund Freier evangelischer Gemeinden
Motto: *„Es ist nichts schlimm, was man nicht schlimm macht."*
(Lebensweisheit, die ich von Tante Trudi übernommen habe)

Benny (*1975) und **Ruth** (*1976) **Hop-
fenmüller,** nach mehrjährigen Aufent-
halten im Iran und Jordanien leben sie
zzt. in Frankfurt am Main, verheiratet,
zwei Kinder
Benny arbeitet als Technischer Trainer,
Ruth als DaF-Lehrerin.
Motto: *„Heute muss nichts, doch kann
alles passieren."* (anstatt Blumen)

Tobias Keil (*1972), lebt in Ofterdingen, verheira-
tet, zwei Kinder
Referent bei der Weltbibelhilfe der Deutschen Bi-
belgesellschaft. Er engagiert sich in der Kinder-
und Musikarbeit seiner Kirchengemeinde und
geht gerne segeln und tauchen.
Motto: *„Besser ist es, ein Licht anzuzünden, als auf die Dunkelheit
zu schimpfen."* (Chinesisches Sprichwort)

Roland Kühnke (*1972), lebt in Pereira (Kolumbien), verheiratet, vier Kinder
Beruf: Maschinenbau-Ingenieur, seit 2000 Missionar in Kolumbien

Motto: *„Das Leben ist zu kurz, um die Hauptsache zu verpassen."* (Bob George)

Dr. Tobias Popovic (*1974), lebt in Stuttgart, verheiratet, drei Kinder
Professor für Betriebswirtschaftslehre. Er engagiert sich für Nachhaltige Entwicklung – etwas zur Enkelfähigkeit des Planeten beitragen.
Motto: *„Ich bin Leben, das leben will, inmitten von Leben, das Leben will."* (Albert Schweitzer)

Dorothée Ramminger (*1970), lebt in der Nähe von Flensburg auf dem Lande, nur einen Katzensprung vom Meer, drei Söhne
Sie ist freiberufliche Hebamme, was für sie Beruf und Leidenschaft ist. Yoga, Pilates oder auch Kochen entspannen sie. Außerdem mag sie Musik, Architektur und Italien.

Motto: *„Wenn Du ein Schiff bauen willst, dann rufe nicht die Menschen zusammen, um Holz zu sammeln, Aufgaben zu verteilen und die Arbeit einzuteilen, sondern lehre sie die Sehnsucht nach dem großen weiten Meer."* (Antoine de Saint-Exupéry)

Timon Alexander Schinke (*1987), lebt in Berlin, verheiratet und zwei Kinder Er arbeitet im Bereich Innovationsmanagement und Unternehmertum.
Motto: *„Der Worte sind genug gewechselt, lasst mich auch endlich Taten sehen."* (Johann Wolfgang von Goethe)

Marko Schmitt (*1970), in Wohnhaft (!) im schönen Hochdahl, zweimal ver- und entheiratet; mit zwei wundervollen Töchtern gesegnet; Lehrer aus und für mehr Leidenschaft in der Schule
Musik und Theater spielen neben dem Sport die Hauptrolle im täglichen Allerlei
Mein Lebensmotto – heute stärker noch als je zuvor: *„Du brauchst zwei Dinge im Leben: einen Plan und einen Mülleimer!"*

Alexander Vaassen (*1994), lebt in Düsseldorf, ledig, Regisseur, Schauspieler und Autor
Motto: *„Ich habe keine besondere Begabung, sondern bin nur leidenschaftlich neugierig."*
(Albert Einstein)

Foto: Laura Thomas, 2019

Jens Wagner (*1973), lebt in Berlin, verheiratet, drei Kinder
Redakteur, Autor und Pressesprecher für verschiedene Fernsehsender, Produktionsfirmen, Organisationen und Projekte. Seit 2019 arbeitet er als Senior Editor, Marketing & Communications und entwickelt und realisiert insbesondere Text- und Video-Content-Formate.
Themen, die ihn begleiten und vorantreiben sind der Einsatz gegen Diskriminierung und für Gleichbehandlung sowie die Neugier und Freude am Leben und an Beziehungen.
Motto: *„Lasst euch die Kindheit nicht austreiben."* (Erich Kästner)

Thorsten Zahn (*1975), lebt in Burscheid, verheiratet, drei Kinder
Er ist seit Sommer 2019 Schulleiter am Freien Christlichen Gymnasium Düsseldorf. Er engagiert sich für mehr Gerechtigkeit in der Welt und gegen Menschenhandel und Zwangsprostitution.
Motto: *„Alles wirkliche Leben ist Begegnung."* (Martin Buber)
„Lass den Herrn deinen Weg bestimmen, vertrau auf ihn, und er wird handeln."
(Psalm 37,5)

Sara Marienfeld (*1994), lebt in Halle an der Saale. Sie studiert Kunst und Englisch, um Künstlerin und Lehrerin zu werden.

Quellennachweise

Wir danken allen Rechteinhabern für die freundliche Erteilung der Abdruckgenehmigung der Textauszüge:

S. 21: Eugene H. Peterson im Vorwort zu Eugene Peterson, The Contemplative Pastor. Returning to the Art of Spiritual Direction © William B Eerdmans Publishing Co, 1989, dt. Übersetzung: U. Marienfeld

S. 133: Theoder Heuss: Vorspiele des Lebens. Jugenderinnerungen. Tübingen 1953 © DVA in der Verlagsgruppe Random House GmbH, München

S. 165: Hartmut Rosa, Unverfügbarkeit © Residenz Verlag, Wien/Salzburg 2018, S. 63.

Literatur

Sami Adwan/Dan Bar-On/Eyal Naveh (Hrsg.), Die Geschichte des anderen kennenlernen – Israel und Palästina im 20. Jahrhundert, Frankfurt 2015

M. Fricke/L. Kuld/A. Sliwka (Hrsg.), Konzepte sozialer Bildung an der Schule. Compassion – Diakonisches Lernen – Service Learning, Münster 2018

John Hattie, Visible Learning, New York, 2009

Herbert Kron, Ein Zuhause in der Fremde, Gütersloh 2017

Rachel Naomi Remen, Aus Liebe zum Leben, Freiburg i. Br. 2015

Richard Rohr, Ins Herz geschrieben, Freiburg i. Br. 2010

Hartmut Rosa, Resonanz, Berlin 2016

Hartmut Rosa, Unverfügbarkeit, Wien/Salzburg 2018

Nassim Nicholas Taleb, The Black Swan. Impact of the Highly Improbable, New York 2007

Meinhart Volkamer, Plädoyer für eine neue Didaktik, in: sportpädagogik 1/1979

Heinz Zahrnt, Westlich von Eden, München 1981